あの世からは
この世の
全ては
こう見える

〝霊能職人〟としての
50年でわかった霊界の真実

秋山眞人
Akiyama Makoto

本書のはじめに —— 現代社会と霊の深層

私は、以前、「霊的世界」について、2006年に1冊だけ専門書を出している。6刷を超える、本格的な霊的構造解明では、早すぎるベストセラーとなったが、書き足りない分もあったり、まだまだ言葉がわかりやすくないと感じた部分もあったりで、20年近く過ぎた今でも〝霊的〟と言われて不確かなものとされてきた世界観に、さらに強力な光を当ててみたいという気持ちがあった。

今回のテーマは、わかりづらい霊の構造《システム》を少しでも真相に近いかたちで多くの方に知ってもらおうとする事、そして、古くからの知人で家も近く永く親しくしていただいた故丹波哲郎氏や、共著を書いた矢作直樹氏らの思い、つまりは、どんな分野の人でも、最後にたどりつくのは霊的世界の問題なのだよということをつまびらかにして理解をうながしたいと思ったのである。

とは言っても、この問題が、物理でいうところの脳量子論や、人生哲学、宗教の強い主張の違いなど、先人が、観念としてはわかっている、しかし言葉や文字にしようとするとわからなくなると表現した、いわば心のグレーゾーンにあるテーマであり、霊能職人として50年、大学院で宗教学を学んだ私でも、どう論ずるかは、難しい場面だったし、今もこれでよかったのかと何度も自分に問う。

しかしである。

難しい霊界論を、多くの方に少しでもわかりやすく説明をし、意見の違う宗教の方や、自称霊能者、研究家の方からも、あえて、批判されることを覚悟の上で、本書に取り組んだことに後悔はない。私も待ってましたとばかり反論したいことが山ほどある。

重要なのは、霊界及び霊は、時間を超越して存在しており、私たちの空間の外にあるわけではないという事、また、その見え方が、見る側の思いや出現する霊の思いに左右される部分がある事なのである。

当然、いつ見ても同じこと、誰がやっても同じことのみを結果として期待する合理主義的な旧式の科学とは馬が合わないに決まっている。

昔は、科学者と霊能者がお互いにトンチンカンな論議をＴＶや雑誌誌面などで繰り返して、それはそれでトークプロレスとしては面白味もあったが、よく現実を見なければ、科学者も宗教も霊能者も信用を失う。

高齢者が激増し、実働世代は自分の心と身体に自信を失いがちになり、若者の自殺や、金に困った重犯罪のニュースが止まらず、はたまた、地震や大雨、暑さなどの自然界の大混乱を直視して、おかしいと思わないとすれば、逆にもう心が病んでいる。

根本は、自分に信頼を向けて、楽しくなる生き方、幸せになる生き方を前向きに選ぶことなのだ。

私も個人のカウンセリングなどに今も少ない時間を割いて立ち会ったりもするが、相談のテーマがモーレツな勢いで増加し、分化し続けている。恐るべきことに、我々は悩みを増産しているのだ。

世の中が多様化した証明でもあるが、私たちの目指した「日本」が、「文明」がこれでよかったかどうか問いを出し合って、それを超える代案としての知恵、知識、啓示的ヒラメキを、真剣に絞り出さなければ、人類は、間違いなく滅ぶ。

ノストラダムスや最近のマンガにかこつけた笑い話ではない。

終末という「神からのテスト」の答案用紙が、配られ始めたのだ。

これは人類である限り、誰もが受験しなければならぬテストである。

あなたも他人事ではない。

答えに至る道は、「霊の実相」を知り、あなたの本当の価値に気がつき、そして愛すべき人々と幸せになることである。

ネットで仮面をつけて他者を痛めつけている場合ではない。

あなたは、あなたから見た世界の王である。王は自分の世界に楽しく生きる権利も責任も共にあるのだ。

私は、あなたが、あなたを愛せるようになり、心穏やかで豊かな人生を生きてほしいと毎日祈り続ける。

今はヒトの幸せが、いちばん嬉しい。

そして、さらに、今回の貴重な出版の機会を作っていただいた出版プロデューサーのマスターマインド・金成氏、編集作業になみなみならぬ知識量と愛情をもって取り組んでいただいた秀和システム編集本部の小笠原氏にあらためて感謝申し上げる次第である。

またさらに、本書を手にとっていただいた、一人一人に祈りと感謝を捧げる。

本当にありがとう。よければ、一人でも多くの人にこの本を紹介していただけたら、ありがたいにつきる。一冊一冊にみなが幸せになるよう祈りを込めたつもりだ。

２０２４年　秋　吉祥寺にて

秋山眞人

『あの世からはこの世の全てはこう見える』◆目　次

装丁・泉沢光雄

プロローグ――〝霊能職人〟としての50年でわかった霊の真実

人は死んだらどこへ行くのでしょう。

「死後の世界」と言うと、日本では、暗黙のうちにある明確な前提があります。日本的な死後の世界では、心が体を離れてあの世に行くと、あの世は階層的になっていて、まず、この世の煩悩をまだ引きずっているような「幽界」と呼ばれる世界があり、それから、ある程度そこから自由になって、霊的に動き回ることができる「霊界」という世界がある。それから、さらに進化すると、「神界」と呼ばれる、神様的になっていく世界がある。と、このような段階的な構成が、昔から暗黙のうちに成り立っています。

そして、生まれ変わりについても、心と体が1対1で対応するものを想定しています。

しかし、チベットでは、例えばダライ・ラマのような人は、1人の人がたくさんの人に生まれ変わるのです。それを分魂《ぶんこん》と呼びます。この分魂を認める人と認めない人がいます。日本的な生まれ変わり論の中では分魂はあまり言われません。

また、東南アジアの広い地域では、動物が人間に生まれ変わることがあると言われます。悪いことをした人間は動物に生まれ変わると普通に考えられています。「お前もこんな馬鹿なことばかりやっていると、来世は蛇になっちゃうぞ」とか、「木になっちゃうぞ」とか、言われるわけです。こういうことは日本ではあまり見られません。

ですから、このあたりの交通整理を一度きちんとしてみたいと、私は常々思っていました。

キリスト教になると、神様は復活の日まで優良な霊たちを天国に保管しておきます。そして神様が「今日は、復活の日だ」と言った瞬間に、全員が地球上に大量に生まれ変わります。生まれ変わるというよりも蘇る。でもその時、地球はどうなってしまうのでしょう。理詰めで考えると、満員電車みたいになってしまうのではないかという心配はたしかにあります。でも、きっと神様は何とかしてくださる、とこういう話になっています。

私は後々大学院で宗教学を研究していく過程で、先人たちが行ったその種の交通整理をいろいろと見てきました。しかし、それ以前に、私自身がさまざまな不思議な体験をしてきた経験者なのです。13歳の時に超能力少年と言われ、テレビその他に引っ張りだこになりました。触っただけでスプーンを曲げることができる。いろいろなものが見えたり聞こえたりする。不思議なことが周りで起こる。不思議な写真も撮れる。こういうことがたくさんありました。だから、かれこれ50年近くそういう体験をずっと積み重ねてきたのです。

ですから正直、「体験には客観性がない」と研究者は言いますが、研究者のほうが客観性を欠くこともいっぱいありますし、私自身は、50年も体験を積むと、それはもう「霊能職人」の域に入って、一言伺っただけで、なるほどと判ることも多くあります。「霊能」と言われるものが、そもそもどういうことなのか、人によって使う言葉や表現も違いますから、一見ばらばらのように見えることでも、この人の言っていることはどういうことで、何を経験して何を言わんとしているのか、だいたいわかるようになってきました。そういう経験を50年、しっかり積んで、その上で学術的な研究の側も見てきた能力者は、意外と少ないと思います。

私は1960年の生まれですから、私が自分の能力に目覚めたのは1970年代になります。1970年代というのは、ちょうど映画の『エクソシスト』（日本公開1974年）が流行った頃で、この映画は今の若い人たちが近頃初めて見て、すごい映画だと言うぐらい面白いものでした。スプーン曲げブームよりエクソシストのブームのほうが少し早かったと思います。あの頃も霊的な問題に対する関心は非常に高かった。だからあの時代はそういったものが非常に円熟して現れてきた時代でした。当時私は13歳。それからだいたい25歳ぐらいまでの間に、本当に山のように霊的な体験をしました。俗に言うＵＦＯや、いわゆる未知現象もたくさん経験しました。しかし、やはり霊的な経験が一番身近でした。人間として生きていて、当然、人間が一番身近だからです。

若い人の関心事というのは、当時も今とあまり変わらなくて、やはりお化けが出る家とか、幽霊屋敷みたいなところはすぐ有名になりました。当時は中岡俊哉（１９２６－２００１）さんという有名な超常現象研究家がいて、空前のベストセラーとなった心霊写真集を出していました。「こっくりさん」と「心霊写真」が双璧で、中岡さんが仕掛けて大ブームになりました。若者たちがそれに非常に関心を持って、とくに心霊写真を撮りに行くのが流行りました。私もいろいろな仲間や友人に頼まれて、あっちこっちへ撮りに行ったものです。１人で行くのが怖いから、私を連れていって、写真も私に撮らせるのです。お化け屋敷探検なら無数に経験しました。

そういう体験を通じてわかったのは、化けて出る、または浮かばれない霊というのは、自分のことを「わかってくれ」が彼らの最優先事項だということです。脅かすとか、呪うとか、祟《たた》るとか、そういうことは目的ではありません。結果的にこじれてそうなってしまう場合はあるのですが、もともとはそういうことが優先事項ではありません。それはかなりレアケースなのです。現実には、やはり自分を「わかってくれ」なのです。

コロッと亡くなってしまって、意識は残っているのですが、魂が体から抜けてしまって離れているから、もう誰も自分の存在に気づかない。そうなったときに、やはり、自分のことをわかってくれと訴えるのです。でも、霊が思いっきりワーワーと叫んだりしても、ちょっと霊感がある人にかすかに聞こえる程度です。だから霊のほうは非常に消耗するわけです。それではと、今度は霊が人間に触ってみても、霊感がある人が多少、「あ、何かいる」と感じる程度です。普通の人はまず感じません。

ですから、仕方なく、もっと影響を与えやすいものに接触して、それによって間接的に生きた人間に気づかせようとします。こういうパターンが実は霊の定番の行動です。

当時もさまざまなお化けが出る家があって、「今度あそこへ行こうぜ」と誘われてあっちこっちへ行きました。その頃はまだプロフェッショナルではありませんでしたから ボランティアで行って、いろいろ見たり感じたりしたわけです。2000件から30

00件ぐらい行きました。

本物の霊というのは、今言ったように、触っても叫んでもひっぱたいても相手が気づかなければ、何か影響を与えやすいものから信号を送ります。霊にとって一番楽なのは、音を立てることです。それで、服を引きずるようにサラサラ、サラサラという音を立てて廊下を歩き回ったり、畳を踏む音を立てたり、よくあるのは、パチッパチッと、指の関節を鳴らすような音を立てます。これらは霊がとにかくやりやすい手段なのです。横で怒鳴っても聞こえない人には、それのほうがまだ聞こえるわけです。要するに、物質の不安定な性質部分を利用して、それを通じて生きている人間に知らせようとします。だからどうも何か言いたがる霊がいるという場合、どういう音がしたという話をまず体験者がするかどうかが、私たち霊能者が、この話は本物だ、こっちの話は単なる思い込みだと判断する際の基準になるぐらいです。「その音はどういう音?」と聞いた時に、具体的にいろいろ答えられるかどうか。霊が立てる音には、細かく言えば30ぐらいの種類があります。

それらの音と同時に並行して起こるのは、まず寒気です。寒気、寒さ。場合によっては温度が数度下がります。いきなりある場所だけ下がってしまう。ある場所から穴も開いていないのにそよそよそよそよ風が吹いてきます。空気の移動が起こるのです。そして異常な乾燥。ある特定の場所だけが乾燥します。でも逆に、そこを乾燥させるために、そこの空間から抜かれた水分はどこか別の場所にドバッと落ちます。ですから、ある場所がべっちょりと濡れている。でも他のある場所は異常に乾燥する。そして異常に乾燥すると何が起こるかというと、物理現象を起こします。霊にとっては静電気を利用することは楽なことなのです。静電気を元エネルギーにしていろいろな現象を起こします。それで物を動かしたりします。これが俗に言うポルターガイストです。「騒々しい霊」という意味です。

ポルターガイストは寒い国や地域で起きやすい現象です。ある年、私はテレビ局の仕事でロシアのモスクワへ飛びました。ロシアはポルターガイストが多く起こる国です。ひと冬にたいへんな報告件数を数えます。モスクワだけで1500件近く起きます。モスクワはやはり乾燥しているからです。ところが、中東でもポルターガイストの話が多いのです。ですから、必ずしも気温や乾燥だけの影響ではないのかもしれません。

とにかく、モスクワでは年間1500件を超えるポルターガイストの報告数がありました。それで国家ポルターガイスト調査委員会という委員会がクレムリンにあって、そこの会長にお会いしたとき、「一番すごいポルターガイストを2つぐらい見せてもらえませんか」とリクエストしたのです。そうしたら、連れて行かれたのは、片方の家は生きている人間が起こしているポルターガイストでした。その家には念力の強い子供が1人いて、その子供が怒られたり、お腹がすいたりするとポルターガイスト現象が起こるのです。それはその生きている子供の念が物を動かしている現象でした。

そしてもう1件のポルターガイストは、その家の赤ちゃんの生命力を介して、死んだ霊がやってきて、その死んだ霊が起こしているポルターガイストでした。その霊はかなり怨念めいていて、その家の裕福さを恨んで、服を切り裂いたり、「殺す」と突然言ってきたりする霊でした。事実、私が取材に行った時も、その家のおばあちゃんが真っ青な顔をしていきなり部屋に駆け込んできて、「今、机の上にグシャグシャに丸められたメモが落ちてきて、恐る恐るそれを開いて見たら、そこに《日本の取材班が来るらしいが、来たら皆殺しにする》と書いてあった」と言うのです。思わずみんな背筋が寒くなり、凍りつきました。でも私は「大丈夫です。退治しますから、私が責任持ちますので、大丈夫です」と言って、取材を続けさせてもらいました。

とにかくその家のクロゼットに掛かっている服がいくつも、カミソリのようなものでバサッという感じで引き裂かれて、縦に短冊状になった服がいっぱい掛かっていました。私が行く前からそういう現象があって、私がいる目の前でも起きました。家の人が「止めなさい。私たちが着るものがなくなってしまうでしょう」と霊に言ったら、翌日、その破れ目が今度は家中の数多くのピンで留めてあった。霊がやったのです。それも見せてもらいました。

こういう現象を霊が起こす時の特徴として、空気中の水分や、埃や塩分が一瞬にして別の場所に移動させられるのです。それでところどころその服にも白いシミのような汚れがついていました。人間の分泌物みたいな、少しベトベトしたものがつく場合もあります。

自分のことをわかってほしい霊というのは、いろいろなことを仕出かします。壁からピューッと水が出るというケースもありました。これも先ほど言ったように、水を一瞬のうちに偏在させて、空間から水分を霊が取り除こうとした時に、その移動させられた水分が別のところから、この場合は壁からピューッと出てくるのだと考えられます。こういう例は日本でもさんざん経験しました。よく幽霊が乗ったタクシーの座席がぐっしょり濡れているといいますでしょう。これは、そういう現象なのです。

ですから、それは霊に、何かよほど表現したい強い思いがあったり、強い怨念がある場合です。

だから昔、霊媒と呼ばれる人たちが、盛んに口からエクトプラズムという白っぽい謎の物質を吐いている様子がたくさんの写真にも残っています。これが物質化と言われる現象です。物質化というのはよくわからない言葉ですが、霊が形になるという現象で、昔よく観測されたと言われています。ロンドンの王立化学会（Royal College of Chemistry）のトップだった化学者サー・ウィリアム・クルックス（１８３２－１９１９）や、『シャーロック・ホームズ』を書いた作家のコナン・ドイル（１８５９－１９３０）などがさかんにこういう現象を研究しました。どうして、こういう人たちがそれにのめり込んでいったのかというと、それは本当にそういう現象が目の前で起きていたからです。

実は、一度エクトプラズムを採集して顕微鏡で観察した学者がいました。そうしたら、やはり体の皮脂とか、人間のタンパク質とか、埃とかが固まったものだということがわかりました。

だから霊は、一言で言えば、自分はまだこの世の人間だと思っています。まだ未練たらしく、この世の側にとどまっています。霊というのは、基本的に自分が信じ込んだことを現実化します。そういう力があるのです。ですから、霊の世界では、霊が信じたことが現実になるのです。ブドウを食べたいと思えば、もうブドウが目の前にある。我々から見れば、夢の世界です。アラジンの魔法の世界。

我々の世界では、我々の内側の願望と、それを現実化した外側から世界が出来ています。霊界ではそれが反転して、外側が心の現実の世界になります。ですから、あの世へ行ったとき、これで本当に自分は自由になったんだと思えればいいのですが、この世の習慣が残ったり、この世での強い思いが残ったりすると、しばらく、私はまだ肉体を持った人間なのだ。それでこの世の物に影響を与えなければいけないんだ、この世の生きている人間に自分をわかってもらわなければいけないんだ、と思い込む。それがなかなかわかってもらえないと、すぐに拗《す》ねてしまって、嫌がらせをしたりする。拗ねた子供が物を取ったり、嫌がらせしたりするのと一緒なのです。

私は、この50年間、本当にいろいろな霊的現象や霊的世界を世界中、日本中で見てきました。それはある意味、とても面白い体験でした。壁に水で手形だけを残す霊とか、壁にずっとコリッコリ、コリッコリと穴を開けていくだけの霊とか、奇妙な習慣をもつ

エクトプラズムがはっきりと全身物質化した霊

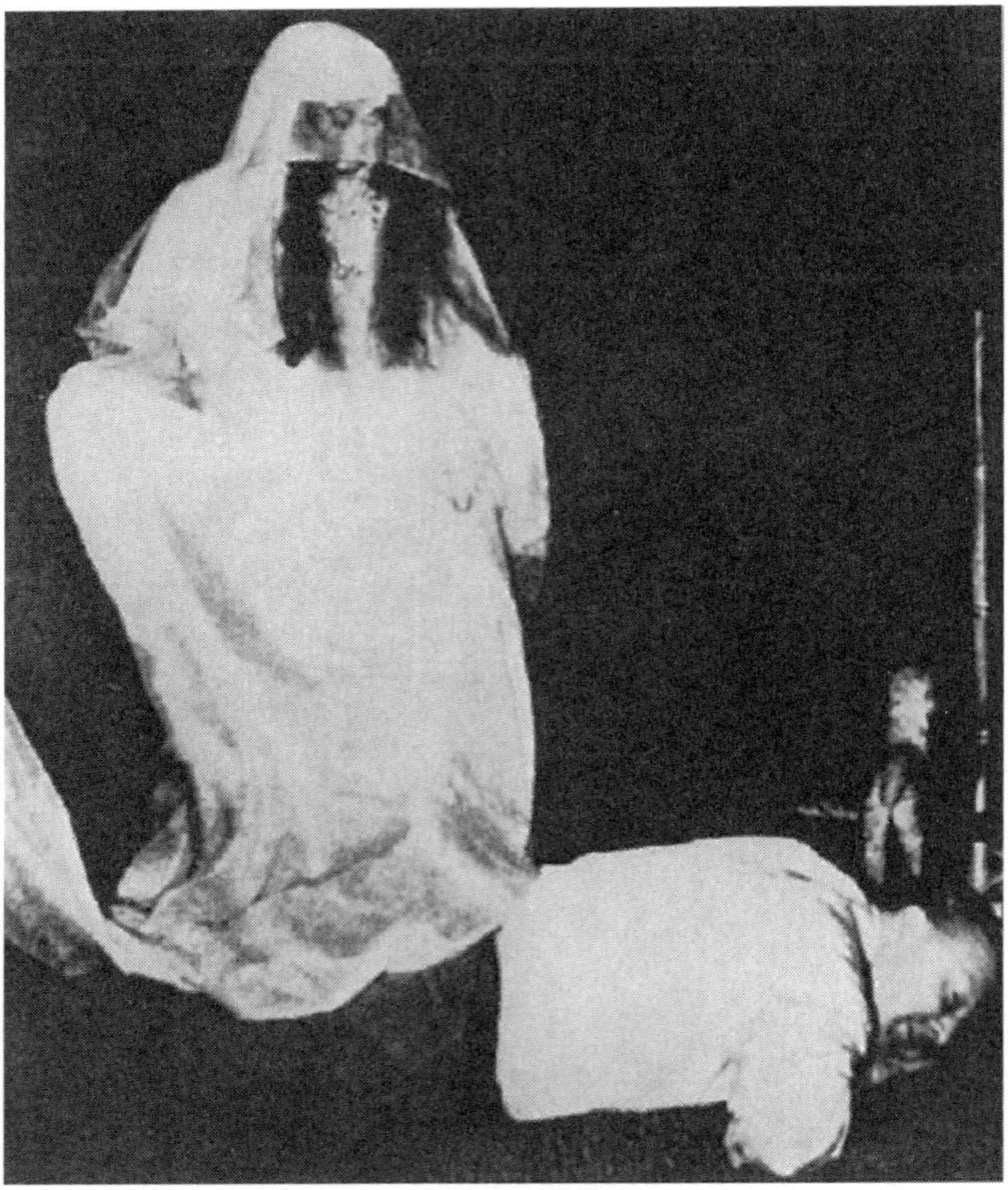

横たわっているのは、アメリカで『サイキック・オブザーバー』誌を創刊したラルプ・プレッシング。その背中にフワリと、しかし厳然と立ち上がった全身物質化霊を捉えた写真。
プレッシング氏のズボンはまるでへこんでいない。この一連の交霊会は、1954年に行われ、阪大教授の安藤弘平氏が立ち会った。

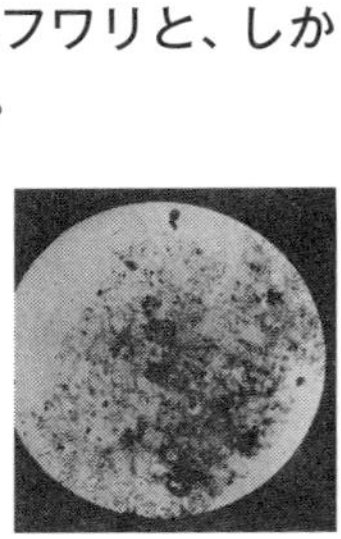

エクトプラズムの顕微鏡写真
（写真上・右）橋本健他『四次元図鑑』池田書店、1974年 より

霊媒が吐くエクトプラズムという白っぽい物質

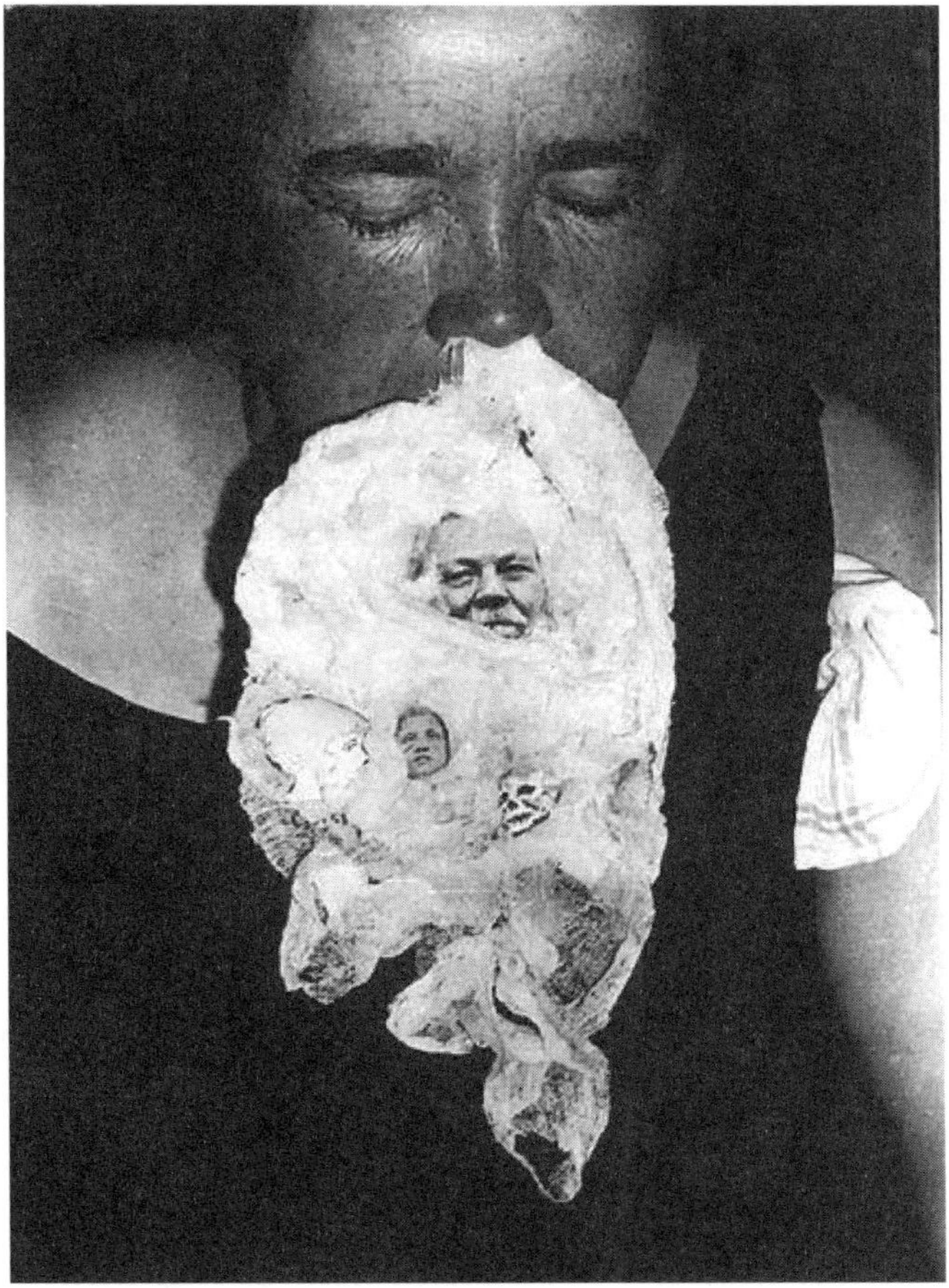

カナダの医師トーマス・ハミルトンがメイリー・メルシーという霊媒を使ってエクトプラズムが鼻から流出している瞬間を撮影したもの。様々な霊の顔が中に写って見える。一番上の顔はコナン・ドイルの顔と言われている。1932年6月27日撮影

フレデリック・マイヤーズ（1843－1901）
イギリスの哲学者・詩人。ケンブリッジ大学トリニティ・カレッジの古典講師。SPR創設者の１人（のち会長）。自殺した恋人の霊を求めて交霊会に参加。死後、自ら交霊会に現れ周囲を驚かす。テレパシーの命名者。

エレノア・ミルドレッド・シジウィック（1845－1936）
イギリスの数学者。ケンブリッジ大学初の女子カレッジ（ニューナム・カレッジ）の学長。SPR創設メンバー（のち会長）。1876年、ヘンリー・シジウィックと結婚。妹のイヴリンはレイリー男爵ジョン・ストラットの妻。

エドマンド・ガーニー（1847－1888）
イギリスの心霊研究家。ヘンリー・シジウィックの誘いで心霊研究にのめり込む。SPR創設者の１人。マイヤーズらとの共著『生者の幻像』の大半を執筆。ウィリアム・ジェイムズをSPRに引き込んだ張本人。

シャルル・ロベール・リシェ（1850－1935）
フランスの生理学者。血清療法の生みの親。アナフィラキシー・ショックの発見でノーベル生理学賞・医学賞。催眠療法と霊媒のトランス状態に共通項を見いだし、心霊研究に没頭。のちSPR会長。エクトプラズムの命名者。

リチャード・ホジソン（1855－1905）
オーストラリア生まれの心霊研究家。ヘンリー・シジウィックの誘いでSPRに参加。当時隆盛を誇っていたブラヴァツキーのトリックを見破る。その後渡米しASPRの事務局長。死後、ホジソン霊として交霊会に現れる。

アーサー・コナン・ドイル（1859－1930）
イギリスの医師・小説家。スコットランド生まれ。名探偵シャーロック・ホームズ・シリーズの作者。晩年は自ら交霊会を主催し、『心霊主義の歴史』（1926年）を著すなど心霊研究にのめりこむ。SPRにも参加、のち脱退。

マリ・キュリー（1867－1934）
フランスの物理学者・化学者。ポーランド生まれ。放射能の研究で、夫ピエールとともにノーベル物理学賞。ラジウムとポロニウムの発見で今度は単独で同化学賞を受賞。リシェの求めに応じ、霊媒パラディーノの調査に参加。

心霊研究をした欧米の科学者や文人

アルフレッド・ラッセル・ウォレス（1823－1913）
イギリスの博物学者。ダーウィンとほぼ同時に自然淘汰による進化論を着想する。その一方、人間精神については進化論で説明できないとの疑念から交霊会に参加。心霊主義に傾倒する。

ウィリアム・クルックス（1832－1919）
イギリスの化学者・物理学者。タリウムの発見、クルックス管（真空放電管）やラジオメーター（放射線測定器）の発明をする一方、数々の霊媒を研究。のち英国心霊教会（SPR）会長に就任。

マーク・トウェイン（1835－1910）
アメリカの小説家。『トム・ソーヤーの冒険』『ハックルベリー・フィンの冒険』で国民的作家となる。弟ヘンリーの死を予知した夢を見て以来、心霊主義に傾倒。SPR設立時から参加する。

ヘンリー・シジウィック（1838－1900）
イギリスの哲学者・倫理学者。ケンブリッジ大学トリニティ・カレッジのフェロー。英国国教会の信仰を拒んで心霊研究に没頭。1882年にマイヤーズ、ガーニーとSPRを創設、初代会長に就任。

ウィリアム・ジェイムズ（1842－1910）
アメリカの心理学者・哲学者。実験心理学の創始者。プラグマティズムの論客。米国心霊研究会（ASPR）の創設に関わり、のち本家のSPRの会長に就任。弟は作家のヘンリー・ジェイムズ。

ジョン・ウィリアム・ストラット（1842－1919）
レイリー男爵。イギリスの物理学者。英国王立協会会長。レイリー散乱、レイリー波、流体力学などを研究。エレノア・シジウィックの義理の兄。心霊研究に対する理解が深い。のちSPR会長。

霊もたくさん見ました。それは生きている時の何らかのこだわりなのです。変わり種では、海の中で魚を捕ろうとしていたけれど、捕れないままでそのまま霊になってしまった人がいて、そういう霊を海に潜った別の漁師が見たりするとか。心中した場所で化けて出る恋人同士とか。親を恨んで親の家に出る霊とか。そういった変わった霊もずいぶんと見てきました。

それから映画スタジオとかテレビスタジオでよく幽霊が出るという噂が昔ありました。やはりそういう場所は表現する場所として、非常にたくさんの人に自分を知ってもらえる場所ですから。やはりそういうところに行って出てしまう霊が多くいて、昔はテレビスタジオは本当に幽霊話が多かった。以前のテレ東のスタジオは東京タワーの傍で、よく出ました。元々東京タワー周辺は霊がよく出る場所でした。東京タワーの金属の一部には、戦時中の軍部の武器の一部を溶かして再利用された鉄が使われていたのです。エッフェル塔も東京タワーももともとそういう鉄を象徴的に使って、いわば平和宣言をするというのが慣習でした。鉄は人間の念というものを良い悪い双方ともに留《とど》めようとします。

他に、私の若い頃は、やはり戦時中、戦地で亡くなった方が日本軍の軍服を着たまま出てくるということがたくさんありました。そういう姿で実家に、命日あたりになると戻ってくるとか。もちろん、お盆に出るとかは定番でした。

しかし、面白いことに、ヨーロッパ圏、欧米圏では幽霊の話は冬場に多いのです。夏と冬では何が違うのかと言うと、まず空気中のマイナスイオンの量です。今は体にいいからと、マイナスのイオンを出すクーラーが流行っていますが、マイナスのイオンが多くなるのは、日本は夏場なのです。ところが海外は冬場なのです。ですから、空気中のマイナスイオンの量に、霊の出現が左右されていると思います。例えば、滝壺などの、水が激しく長く溜まっているところでは霊の目撃が多い。怪談累《かさね》ヶ淵とかもそうです。四谷怪談も川に捨てられたお岩の霊が出てきます。水面《みなも》から突然出てくるという霊が多い。水面を覗き込むと自分の顔ではなく、霊の顔が映っているという話も本当に多いです。それはやはり水面、水の表面のマイナスイオンが多いところに霊が付着して動けなくなるからです。

一度、南米の国々を旅していた時に、南米の有名なお祓いをやる霊媒の人たちに、霊に取り憑かれてうなされる人がいた場合、どうしたらその人はよく眠れるようになりますかと聞いたことがあります。そうしたら、コップに半分ぐらい、水道水をジャーッと入れて、枕元に置いておきなさいという答えでした。そうするとぐっすり眠れると言われました。それでやってみると、本当にそうでした。つまり霊や霊的なものが、コップの水面にハエ取り紙みたいに吸着されてしばらく動けなくなるのです。朝目を覚ましたら、その水をザーッと流して捨ててコップを洗ってしまえば、もう霊も一緒に流れていってしまう。だから霊というのはある意味で非常に物質的なものなのです。正確に言うと、彼らは自分が物質的なものだとまだ信じているがために、半ば生きている人間のように現れてくるのです。

第1章

私が体験した「あの世」

初めての霊的体験

私が中学1年か2年の時だったと思います。静岡県の町の学校から田舎の学校に転校しました。転校した先の学校は家からかなり離れた、遠いところにありました。学校に通うのに片道十何キロとあったのです。毎朝、トコトコ歩いて通いました。かなり長いこと田んぼの中を抜けていく道があって、田んぼとその山際の境のところで、おばあちゃんが一人でよく歩いていました。特徴的なたたずまいのおばあちゃんで、黒にちょっと白っぽい絣《かすり》の模様が入っている古い着物を着ていました。足がちょっと不自由で腰が曲がっていて、いつも一点を見つめて歩いていました。周りをキョロキョロしたりしないで、じっと前だけ見つめてゆっくりゆっくり歩いていたのです。

あれは6月か7月の暑い夏の朝でした。やたらと蛇がたくさん田んぼの畔道にいるのに気づいた日でした。なぜか自然は興奮しているのだなと私は思いました。何とはなしにソワソワする感覚がありました。暑いのに時々ひやーっとする風がビューッと吹くのです。それで変だなと思ったら、いつものそのおばあちゃんがまた向こうからトコトコ

トコトコと歩いて来るのが見えたのです。でもいつもより、そのおばあちゃんの歩くスピードが妙に速いのです。夏草が生えた道をスーっと滑るように歩いて来ます。速い。それでおばあちゃん今日は速いなと思って、ふっとこう真横まで来たのですね。そうしたらおばあちゃんが、クルッとこちらを振りむいたのです。それでキュって目が合ったら、本当に目玉が落ちるぐらい目を見開いて、私に向かって「ウーッ」とうなったのです。まるで動物のように。それから、またゆっくり目を閉じて。1回ため息のような息をついて、それからまたスーッと歩いて行った。

それで何か気になって、その日は少し余裕もって家を出てきたから、時間がありました。だから、後を追ってみたのです。子供心に、ひょっとしたらこのおばあちゃん、死のうとしてるんじゃないかぐらいのことがちょっと頭をよぎったのです。

それでおばあちゃんのあとを追いかけて、田んぼと山際の境になっている曲がり道に入って、先に行ったおばあちゃんの背中が見えるはずと思って、パッとのぞき込んだら、もうおばあちゃん、いないのです。跡形もなくいない。田んぼと山のこの斜面しかない、逃げ場はないはずなのに。ポンと消えた。その時初めて、ああ、あれは死者だと思いました。霊だと。その瞬間に全身がゾーッとしました。やっぱり正体がわかった時に初めて感応して、死者の冷たさが入ってくるのです。よく言う、それが霊だとわかった瞬間にゾッとするのはそういうことなのです。それでその時、私もゾーッとして、何と言うのか、力が萎えました。しばらく田んぼのあぜ道に座り込んでいたのを覚えています。

それから数日してから、また同じ場所で、今度は学校から帰る時間ですから、午後でしたが、葬儀の行列に遭遇しました。そのおばあちゃんの葬儀なのです。昔の葬儀だから、何日もかけて告別式をやったりしてたのでしょう。ご遺族の方が遺影を持っているのを見て、間違いなくそのおばあちゃんの遺影でした。

それが最初です。なんのことはない、幽霊を見て目が合ったというだけの体験でしたが、大変印象に残っています。今でもはっきり思い出します。見開いたおばあちゃんの目を。すごくよく覚えています。きっとそのおばあちゃんは何か言うことがあったのでしょう。

これはUFO体験も同じなのですが、幽霊体験というのも1度経験すると何度も経験するようになります。波長が1回合ってしまうと、そういうことが何度も起こるようになるのです。正体がわかった瞬間にチャンネルが合うのでしょう。

私の場合も、それからはよく幽霊を見ました。電車の中でも幽霊を見ました。ああ、電車に乗る幽霊もいるんだと思いました。人がたくさんいて、混雑しているところにも幽霊は出るのです。混雑している道で、前を歩いてる人の首周りになぜかカエルや蛇などの霊がたくさん取り憑いている姿を見たときはぎょっとしました。へばりついているというよりも、その人の首元の空間に住みついているのです。蛇なんかこちらを見て、ペロペロペロペロ舌を出す。でも現実のヘビではない。明らかに霊なのです。その人が、どこかで蛇やカエルをたくさん殺したことがあるのか、あるいは飼っていて死なせてしまったのか、何か因縁があったのでしょう。ずっとその人から離れられなくなって、くっついて歩くのです。

これは動物霊です。

当時から、テレビではいろいろな霊能者と呼ばれる人たちが出るようになっていました。この霊能者たちもさかんに「この人には動物霊がついています」なんて言っていました。

しかし、ときどき、私にはぜんぜん動物霊が見えないのに、テレビに出ている霊能者たちが「見える」と言っていることもあって、果たして、この人たちには本当に、私と同じように見えているのかなあと違和感を覚えることも多くなりました。要するに、私と同じようにはっきり物の形と同じように霊が見える人と、何となく頭に映像が浮かぶだけの人がいて、この2つは違うのだなということがそのうちわかってきました。

私の場合は、なるべく目を動かさないようにして視線を固定して、なるべく瞬きもしないでいるとだんだん激しく見えてきます。しかし目を動かすとまた消えるのです。当時はまだ学校に通っていましたから、朝礼の時に校庭に立ってぼんやり前を見ている時、その目を動かさない状態がしばらく続くと、周囲に立っている人たちの体の周りからバーっと火柱が立つのが見えるのです。火柱というか、一種のオーラです。それは後でわかるのですが、初めて見たときは、人間の体から出る火柱のようにしか見えませんでした。

そのように私には現実の物を見ているときと同じようにリアルに見えるのです。本当に炎のように揺らいで見えるのです。しかし、その同じオーラを見ていても、ただ霧のような質感でしか見えない人もいるようです。オーラの形状も野仏《のぼとけ》のようにちょっと先がとんがった形に見える人と、ただまん丸にしか見えない人がいるようです。

ですから、「見える、見える」という人が、果たして私と同じように、本当に視覚的に見えているのかというと、どうも「?」マークがつく人が多い。要するに、私は「脳内視」と呼んでいるのですが、頭の中に映像が浮かんで見えるタイプの人と、現実に視覚的に見える人がいて、この2つは霊能の質がまったく違います。それは、どちらが上でどちらが下という問題ではなくて、霊能の質が違うのです。

私は現実の物のように見えますから、一番困るのは、普段はこの能力のスイッチを切っておかないと生活できないということです。それぐらいはっきり見えるのです。あまりにもひどい霊がいて、こちらはやはりすぐ気づきます。気づくと気づかれたことに向こうも気づくのです。そうするとこちらに来るのです。「お前はわかるよな、見えるよな」と、本当に首をつかまれたり、抱きつかれたり、足にしがみつかれたり、耳を引っ張られたり、ものすごいです。

要するに霊は、自分とコンタクトできる人間を見つけて、それで近づいてくるのです。「こいつはわかる人間だ」とワーとやって来ます。ですから「それは勘弁してください」と言って振りほどくのは結構手間がかかるのです。たいてい長く話し込まないと諦めません。いや、長く話し込んでも諦めない。うちの田舎へ行って、親兄弟の誰それに会って、その人にこういうことを伝えてくれと、霊に頼まれて、実際その人のその指定された家まで行って、「いや実は霊がこういうことを言ってまして。お心当たりありますか」

と言ったら、「えーっ」みたいな話になったケースもたくさんありました。

一番ひどかったのは、昔は旅館だったというある古い廃屋に近い建物に行ったときのことです。もうすぐその建物を取り壊すというちょっと前に行ったのですが、さっと中に入った瞬間、あっちこっちに幽霊がいました。もう普通に、壁際や、破れた障子の桟《さん》に寄りかかって、浴衣姿の男だったり女だったりが何人もいました。旅館にいる時のまんまの姿なのです。芸子さんらしき人もいた。みんな幽霊です。

それで、ああここはすごいな、旅館だったんだ、と思って立ち止まった瞬間、向こうがこちらに気づいて、ブワーッとみんな押し寄せて来ました。しばらくずっと、まとわりついて離れません。そんなに大量の霊の話は聞けませんから、私はもう知らん顔して離れようとするのですが、どこまでもすがりついて来る。夕方ようやくすべていなくなって家に帰ることができた、そういうことが多々ありました。

学校の幽霊

最初の幽霊を見て以後、中学、高校の頃を通じてそういうことが私に頻繁に起きました。私の親なんかは、私が宙を見て話しているので、頭がおかしくなったんじゃないかと心配したようです。

とにかくそんな子供でしたから、学校がきつかったです。学校というところは、卒業して死んだ子たちがやっぱり懐かしくて戻ってくる場所なのです。俗に言う寺子屋から発展した敷地の学校はとくにそうです。古い学校というのは霊が多くいます。私は自分が卒業した小学校を大人になってから再訪した時に、やはりすごく霊がいるのを見ました。後々聞いてみると、大空襲とか、大昔の震災の時などに、学校の校庭にとりあえず仮設の死体置き場を作って、そこに大きな穴を掘って死体を放り込んで、まとめて燃やしたというようなことが結構あったようです。それを上から埋めてしまった。そういう死体の処理の仕方をした時期があって、要するにちゃんと供養されていないのです。きちんと遺骨が掘り出されてちゃんとした墓に戻されていないわけです。

やはり学校というのはたくさん霊がいるところです。たしかに古い学校にはよく出るし、新しい学校でも、卒業生で早くに亡くなった子供たちは、学校懐かしいな、あの頃よかったなと言って戻ってきます。ですからテスト中にぼんやり校庭を見ていると、ポツンと1人だけ見たことない生徒がいたりします。薄汚れた制服を着てて、何者だろうなどというのがポツンと1人見えたりします。写真を撮ると1人だけ知らない子が写っているなんてことも多いです。やはりそういう子は、その子が実際にいた時の格好で出てきます。それでテストをやっている最中、校庭にポツンと1人だけ見えた子が、私が気がついたなとわかった瞬間、シュンと飛んで来て、次の瞬間にはもう私の席の隣に立っているのです。その子の息遣いも聞こえるのです。こちらはテストやっているわけです。もうテストなんてできないですよ。だからまあ、一応、高校は進学校だったのですが、勉強はしませんでした。結局、卒業したらそのまま就職して、公務員を長くやりました。

でもその間もやはり並行して、普通は見えないものが見えますから、公務員をしていた6、7年間はとにかくなるべく見ないふりをしていました。見ない、言わない、やらないということでなるべく通してきたのですが。結局、昔、若い時にテレビに出ていたことを知っている人たちが業界関係にいて、「秋山君、また超能力や霊界がブームだよ。またやらない?」と声をかけられた。1980年代の中盤ぐらいからバブルとともに、超常現象が盛んにブームになっていました。結局そういったことの一部を本に書いたりしたものですから、それが話題になって東京に出てくるという経緯になりました。

ただその頃も、実は超能力少年の生き残りたちで、やはり見えてしまう子たちも結構いたのです。そして彼らの多くがなかなかうまく社会適応できなかったから、お互いに連絡を取り合って集まったりしていました。そういう子たちとお互い助け合おうぜと言い合っていたのですが、やっぱり激しい負担に耐えかねて精神的におかしくなる子もいました。病気になってしまう子もいた。「受ける」と言うのですが、例えば霊が病死した霊の場合、その霊の生前の病気と同じような身体状態になる霊能者は多いのです。そうならない方法もあるのですが、そういう技を身につけるまでにはいろいろ訓練しないと身につかない。当時、そういう霊能の先生はそうはいなかった。だから私は、霊能を自覚してから高校生ぐらいまでの間、自発的にそういう霊能者の先生を訪ねて歩いていました。

いろいろな宗教団体も行ってみました。でも正直まあ、この人はすごいなあと思ったのは３人だけでした。その人たちは学者並みに勉強もしているし、能力もきれいに自分の中で整理できているし、自ら念じて通す法力の力も強い人たちでした。

そういう先生たちとよく交流しながらいろいろなところを歩きました。それでも、その３人を除くと、全然とんちんかんな人たちも多かった。霊能というのは、自分の感情からできるだけ切り離して、霊なんかウリ、ナス、カボチャだと思って見ないと難しい面があるのです。感情が入りすぎると霊と同じになってしまうからです。心も体も死に向かってしまうのです。そうなると、霊界のほうが楽だと感じてしまいます。

ですから、そういういろいろ難しい体験を自分でも経験しましたし、昔の霊能者仲間を身近に見ていて経験することも多かったです。でも結局、今になってみると、霊能者でよかったなと思います。ひょっとしたら、生きている人間と話すよりも霊と話をしている時間のほうが長かったかもしれません。

最終的に霊たちも、自分自身の正体に気づくときが来ます。つまり自分は自由自在なのだと。これが人間の本体であって、自由自在に動き回ることができるんだ、という考え方にたどり着きます。そうなると、そのとき初めて本格的に霊の世界に行けるわけです。それが霊界の本筋なのです。

UFOは未来から来て、霊は過去から来る

そして、そのように霊と付き合うようになった同じ頃、同時にUFOも見えるようになり、宇宙人とも遭遇するようになりました。

最終的に非常によくわかってきたのは、ＵＦＯは未来から来て、霊は過去から来るということです。最近ようやく精神世界で、ＵＦＯは未来から来るのだとよく言われるようになってきました。でも、昔はそんなこと、誰も言っていませんでした。ただ、私だけが言っていました。

ですから、霊とかＵＦＯとか、ああいう存在というのは、これは単に私たちと時間が違うだけなのだということに、ようやく最近、この20年ぐらいで気がつくようになってきました。そうか、時間で説明できるのだと。４次元とか５次元とかの次元ではないのだ。ただ、時間が違うだけなのだと。彼らは別の流れの時間からこの世の穴を見つけてここの時間に出てきている。何かどうしても言いたいことがあって、自分の意思で時間を乗り越えてやって来ている。

我々には通常、楽しい時間は早く過ぎて、嫌な時間はゆっくりとしか過ぎない、という程度の時間感覚しかありません。時間を乗り越えるということは、私たちにはどうしてもできません。言い方を変えれば、私たちは、「今」という時間に閉じこもった地縛霊なのです。だから、今というちっちゃな時間の壁に閉じ込められたままずっと動いていくしかありません。ですから私たちは、過去現在未来は固定したものだと思っていますが、最近の量子論では、すごくミクロな量子と言われる粒々の世界では、時間空間がいい加減になってしまうのだと言われています。始めと終わりがくっついてしまったり、生きているものと死んでいるものの中間みたいなものが存在したりすると。そして光より速く情報が伝わり合うことが可能であると。その量子の世界のイメージは、たしかに霊的な世界の性質とも似ています。それで、これからは量子論だ、量子論だとすごく流行っているのですが、私には量子論自体が全部説明され尽くしているとは到底思えないです。

昔から、アインシュタインの相対性理論がもてはやされた時も、やたらと霊的なものとかＵＦＯ的なものを、これは４次元だ、５次元だ、いや６次元だなどと説明しようとする人が多かったものです。でも結局そういう人たちが、一生懸命、科学的に説明しようとするけれど、世間に受け入れられた人なんていやしません。本当はその説の問題設定の仕方が初めから間違っているのです。次元が違うのではない。時間が違う。もっと突っ込んで言えば、我々が捉えている時間というのはまだまだ全然小さな範囲で捉えている時間なのです。宇宙的な意味で言うと、時間の概念はもっと全然違ってきます。我々はまだ時間的に狭い世界に住んでいます。だからその外から、はるか過去から、あるいははるか未来からポンと穴を開けてこちらに出てくる存在がいるということが理解できないのです。

例えばネス湖のネッシー。盛んに目撃されているのに、いくら湖から掬《すく》った遺伝子を分析しても、恐竜の遺伝子なんて出てきません。私はずっと昔から言っていました。そんなの出るわけないと。あれは時間の穴を抜けて、過去の怪獣が出てくるのです。だいたいあのあたりの巨大断層のところの真上なのですが、そこから出てきているのです。日本では富士山周辺の富士五湖の山中湖で、時々巨大な魚が目撃されたりしますが、実際行って捕まえた人はいません。

そういう謎の古代獣みたいなUMA《ユーマ》が出てくる話は、世界中にあります。だいたい湖、巨大な断層、そういう場所の上に出てきます。つまりプロローグで述べた水分と静電気と擦り合う巨大な電気、電圧が関わっている場所です。だから彼らも、ギリギリこちら側にいるうちは、そういうものの影響を受けます。つまり自然界のそういう諸現象が、そういう場所で時間のひずみを作るのです。そしてそこから入って来ます。霊の場合は過去から。宇宙存在の場合は未来から。そして未来でも過去でもない、謎の存在が我々と並行してあって、それらは今度は種の起源を超えて、人間の姿をしながら、くちばしを生やしたり、頭が昆虫だったり、種がめちゃくちゃになったような姿形をとって現れてきます。これは妖怪です。

実際、私自身、妖怪妖精もたくさん見ました。ですから、妖怪妖精がいることは間違いありません。水木しげるみたいな世界も現実にあります。

それはともかく、最近では他の時間から来たそういう存在をもっと面白く見てみたい。エンターテインメントとして見たいという期待値が高くなりました。何となく存在するのはわかっているからみんな論じたいのです。自分たちにも前世の記憶が残っていて、自分たち自身が霊だという記憶を持っているからです。だから最近は若い人のアニメほど、転生、妖怪、パラレルワールド、時間超越、こういったテーマで埋め尽くされています。

そうなって、今度は若い霊能者の人たちが、宇宙人は未来人だよ、霊は過去人だよと、私が昔から唱えていたことを盛んに言うようになりました。時代がやっと私の言うことに追いついてきました。問題は時間だけ。時間の問題だけに絞って考えれば、こういった存在が現れてくることはむしろ理にかなっている。例えば幽霊は過去の時間、自分が生きていた時間、その時の自分のマインドに非常にこだわりを持っているからです。その過去の自分と今をつないでいる現に生きている身内にものすごくこだわりを持っています。自分が生きていた場所、建物にもものすごくこだわります。

これは余談ですが、プロローグでも述べたように、どうも水というのは、過去と未来を行ったり来たりしている物質なのではないかという気がします。だから霊もやたらと水にこだわりますし、UFOもよく水場に出てくるのは、そのせいではないかと思います。妖怪も水場に出てくるものが多いです。さらに激しくなると火の玉みたいな発光体をともなって現れます。幽霊もそうです。そして何と、宇宙人もそうなのです。さらに言えばカッパもそうです。これらが出現するとき、空中に発光体が出ます。通常、これを火の玉と言うのですが、明らかにこれは小規模のプラズマボールです。巨大な静電気が激しくなって発光しています。それが空間の穴に現れるのです。

神界という頂点

あともう1つ面白いのが、霊が部屋の中に出ると、物と背景（バック）が逆転して見えることです。霊の周辺では、明るいところが黒っぽく見えて、暗いところが白っぽく見えます。ポジとネガが反転します。白黒が逆転するのです。何か物理的な現象がまず先に起こっていて、その条件がうまく整うと、そこにUFOが出たり、妖怪が出たり、霊が出たりします。この現象にはやはり時間が絡んでいる、静電気が絡んでいる。水が絡んでいます。それから、生きている人間と死んでいる人間の、または宇宙人や、妖精や妖怪たちの、思いが絡んでいます。それらの思いにはすべての時間超越が可能なのでしょう。だから我々も思いだけは生まれ変わるわけです。

その過去の時間と、未来の時間は、次元としてはどうなのか、空間としてはどうなのか、同じレベルなのか、という質問が出てくるかもしれません。結論から言うと、そうです。空間的には同じレベルです。ただし、西洋でいう神様がいるところ、神界という場所は、そのさらに延長上になります。

時間というのは、ずっと行くと、未来と過去が円環で、ウロボロスの蛇のように融合する瞬間があります。ここまで行った存在になってしまったのがいわゆる神です。これは多層、多像、多重の時間に同時に存在できます。ですから宇宙に遍在できるのです。そうなると、そういう存在が意思を持ってやる仕事は、複雑なシステムをエイヤーと一瞬にして作り上げるような作業になります。私たちは赤ちゃんとして生まれてくる際、エイヤーと言って生まれてくるわけではなくて、細胞分裂を無意識に繰り返しながら成長して生まれてくるわけですが、そもそもの始めにこの宇宙を誕生させた意識にはやはりそういうレベルの意思があったのです。天使だとか如来菩薩だとか神だとか、段階はあるにせよ、要するにどれだけ自由でクリエイティブなことができるかという点で、まさに頂点に達した者です。

日本では、なんでもかんでも、何かその気配を少しでも感じれば「神」と呼びます。物の中にも神がいる。山の中にも神がいる。海の中にも神がいる。日本人はとても敏感な民族なのです。だいたい島国に住む人たちはそういう傾向が強いです。アイルランドもそうです。日本もそうですが、沖縄、奄美はとくに強い人たちがいる。それから山に住む人たちもそうです。マタギと呼ばれる関東以北の山の民たちの霊能は有名です。

私自身は、今まで2回だけ、本当に超越した神々しいものを直接体験したことがあります。いわゆる「神界」の存在と触れ合ったという体験です。1度でもこれを体験すると、へたな宗教家が説いてる神なんか聞くと笑ってしまいます。もう言葉で表現できるレベルのものではありませんでした。一瞬にしてウワッとその世界に入って、一瞬にしてウワッと感じて、そこからまた出てきた瞬間に、「ああ、もうずっとあそこに座っていたい」と思うぐらい満たされた経験でした。完全なる自由が体の中に入ってくる、そうとしか言いようのない体験です。

1度目は、20代の前半のことでした。静岡県の藤枝市の、ある山際の地点で経験しました。古くからの大きな古木が生えている場所で、その古木に手を当てて触れた瞬間にそうなりました。

2度目はそれから数年経った頃です。伊豆の海でも経験したことがあります。普通に砂浜を歩いていました。水着ではなく、服を着てサンダル履きで歩いていたのです。突然、グワンっとなった。グワンと言うしかないです。何か全身を包む空気が1回、比重が強くなってグッと押されたような感じになるのです。グワンとこう来た後、ふっと目を開けたら体が上がらないのです。なんだかふわーっとした空間で、どこかが光っているのですが、光源がどこなのかわからないような空間で、体がふわん、ふわんと軽くなって、淡い虹色みたいなものがちょっとずつ見えるような世界でした。

どれぐらい経ったかもわかりません。戻ったら、また砂浜を歩いていました。気を失っていたわけではありません。だいたいそういう体験というのは、体験してから戻ると、こちらの時間では少ししか経っていないのですが、その時もそうでした。ＵＦＯとコンタクトした時もそうでした。こちらに戻ってきたら少ししか時間が経っていませんでした。この伊豆の海岸で体験したときも同じです。気を失っていたわけではありません。気づいたら歩いている状態の自分に戻っていました。倒れたりしていたわけではありません。

ファティマ第3の予言

有名なファティマ第3の予言という事件がありました。1917年、ポルトガルのファティマという片田舎に住む3人の少年少女たちに聖母マリアが現れたという奇跡で、ローマ教会が正式に奇跡として認定しているものです。私はテレビ番組の取材でバチカンを訪れて、このファティマの奇跡に関する、普段は公開されていない文書を特別な許可を得てすべて見させてもらったことがあります。この事件の白眉は、この年の10月13日に、聖母マリアが3人の子供たちに啓示したことが真実であることを証明するために、数万人の群衆が集まる中で太陽をグワングワンと踊るように動かしてみせるという奇跡が、衆人の監視のもとで実際に起きて、翌日の新聞にも写真入りで報道されたということです。

この事件は、本当に万単位の人の目の前で起きた事件なので、現代のテレビ番組でUFOを呼び出したりする時と同じような興奮が集まった人々を襲いました。実際、あれはUFO体験ではないかと説明をする人もいます。

私はバチカンの調査記録を全部つぶさに読みましたが、あれは実際に、そういう神様的なものと接触したのでしょう。神様側からとにかく、ちらっとだけ見せるかという意思があったのだと思います。まず3人の子供たちに、神様の中に入って経験させる。私は「入信」という言葉で呼んでいますが、神様の中に入って直接、神体験をさせる。現れた聖母マリアは「毎月13日に姿を現すから、また集まるように」と告げます。それを信じた関係者が今度は100人以上集まる。もう1回降りて来て、そこでまた入信させる。そして半年後には数万の群衆が集まる中で現れて奇跡を見せる。あれはやはり、向こうから見せたかったのでしょうし、神界の存在が何か人類にとって重要なメッセージを伝えようとしたのです。このまま戦争を続けていったら人類は滅んでしまう。どうにかして、何か強引な手段を使ってでも教えないとわからないだろうと。だけどあまりに強引な伝え方をして、運命を捻じ曲げるのも本意ではない。みたいな葛藤はあったので

「ファティマ第３の予言」として有名な1917年、ポルトガルで起きた奇跡

聖母マリアが現れた３人の羊飼いの少年少女

O MILAGRE DE FÁTIMA

(Carta a alguem que pede um testemunho insuspeito).

10月13日の奇跡を伝える新聞

数万人の観衆が見守る中で太陽がグワングワンと踊るように動いた

しょうが、これだけはしょうがない、みたいな決定だったのだと思います。

ファティマ第3の予言の内容はまだバチカンが公開していません。ただその内容は非常に重要な人だけに伝えられたと私は聞いています。それによって世の中全体がやや軌道修正された。軌道修正されていなかったら核戦争や宗教戦争で、人類はすでに壊滅していたかもしれないのが、回避されたのだろうと思います。

ですから、霊界、神界、そういういろいろなレベルの世界の存在は、ずっとこの私たちの世界を見守っています。別に地球を支配しようとか、地球人を追い込もうとかそんなことは全然考えていません。彼らは私たちのことを、とにかく非常に個性的に成長している生命体で、閉じられた星の住人なのに、大変限定的なヨガの修行みたいなことをやっている奇特な生き物だと見ているわけです。

ですから、我々のことを結構尊敬しています。肉体を持って、閉鎖的な、地球という星の表面でしか生きられないことを知っていながら、彼らは生きて何がしか成長している。それで子孫の永遠や繁栄を願っている。にょきにょきとビルを建てている。これは不思議な生き物だなと思っています。ちょうど私たち人間が、アリが巣穴を掘っているのを眺めているようなものです。こんな大きな巣を作り、社会の役割分担があって、子供を育てていて、すごいなあと感心して見ている。でもやはり、上から見ていますから、ああこのままいくとこのアリは死んでしまうなとか、わかります。毒の入った砂糖の塊を持ち帰ってきたアリがいるとか、わかるわけです。そうしたらやはりピンセットでつまんで取ってあげたくなります。そういうことをたぶん時々やるのだろうなと思います。

今、霊的なものに関心を持つ人がますます増えてきています。でも、関心を持っている人のほうが誤解して私たち霊能者のことを見ています。私たち霊能者のことを無理やり解釈しようとする人がすごく多いのです。1980年代の頃から、そういう傾向はずっとあって、例えばAという研究家が私のところに来て、「秋山君が言っているのはこういう意味なんだよ」と勝手に宣《のたま》って本を書いたり、次にはBという研究家が来て「秋山君が体験したことは、きっとこれだ。だから秋山君はこう表現しなきゃだめだよ」などと盛んにお説教、お節介されました。非常に腹立たしかった。それが一番嫌でした。

本来、宗教の人たちこそが、神を正しく説明し、霊を正しく説明し、そういう存在との正しい、つまり安全で平和な付き合い方を教えなければいけないと私は思います。宗教間でいがみ合いをしたり、戦争を起こしている場合では本来ないはずなのです。私は、宗教が戦争を一つでも起こしたら即、その宗教は解散せよと思います。

でもなかなかそれができない。逆に私なんかがそういうことに苦言を呈するものだから、YouTubeなどで結構叩かれたりします。お若い方たちは、霊と言ってもだいたいアニメから入ってきているから、アニメの霊界論を信じ込んでしまって、これではどうにもならないなあと思うこともあります。

臨死体験

いわゆる臨死体験というのは、1回死んで、この世のいろいろな概念をまだクリーニングしていない魂、本当に我々は自由自在なのだというところに到達していない霊的存在が、生前自分が信じていた宗教観に沿った霊的世界を見て、そこに一旦、固まってしまう体験のことです。ですから、イスラム教の人はイスラム的な霊界を見ます。キリスト教の人はキリスト教的な霊界を見ます。そしてその後、再びこの世に戻ってくる体験のことです。

「幽界」「霊界」「神界」という階層的な霊界論は、魂の浄化の段階に合わせて順々に段階が上がっていくという、結構差別的で、その意味では侮蔑的な面もある考えですが、あの世はそうなっていると思えばそう見えるのです。

私自身、幽体離脱して、そういう世界に住んでいる人々を見たことは何度もあります。幽体離脱して霊界にダイブして、飛び込んだその世界で、あっ、これは道教の世界だ、あっ、これはイスラムの世界だ、とすぐに気づきます。

はっきり言って、我々の世界とそんなに違わないとも言えます。我々の世界に似ている。似ているけれど、もっと圧倒的に自由です。

スクーターのように見えるものに乗っている人がいて、でもよく見ると車輪がついていない。車輪がなくても移動できるのです。そもそも霊はあっちこっち自由に一瞬に動きまわれますから、そんな乗り物みたいなものは必要ないわけです。必要ないのになぜそんなものに乗っているかというと、ただファッションです。現世でいうファッションと同じです。だから、企業のロゴマークみたいなものもあちらの世界でよく見ます。地上の影響を受けてロゴマークなども利用しているのですが、微妙にデフォルメされています。アップルのコンピュータを売っている霊も見ました。でもAppleのマークがどうもデフォルメされてへんてこりんなのです。

大きな街の広場のようなところで、バベルの塔みたいな建物がグーッと上に伸びていて、雲の上を突き抜けている場所がありました。「これは何?」と聞くと、「あれは上の世界へ行ける道筋だよ。でも普通の人は迷ってまたここに戻ってくるよ」という答えでした。上ろうとしても、階段にたくさんの穴が開いていて、そう簡単には上れないようになっていました。運よく上れたとして、またその上にもさらに上の世界がパイプのようなものでつながっています。それも1度だけ見せてもらったことがあります。

しかし、それらも、一般に言われているほど複雑な多重性ではありません。キリスト教やイスラム教で言われているほどきちんとした階層構造では本当はなかったです。そもそも、14世紀ぐらいまでさかのぼると、キリスト教では、霊的世界とこちらの世界の間には巨大なガラスの天蓋《てんがい》があって、人間はあの世なんかには入れないですと、そういう話になっていました。神様もこちらには絶対来ないですよと。その両方がわかるのはキリスト教会しかないですよ、だから我々を信じなさい、というのが定番でした。この考えに反したら殺された時代があるわけです。そうして1880年代の後半に社会主義運動と並行して、スピリチュアリズムというのが出てきました。これで霊界と交信できる。霊はここにいるのだから、我々は自由に霊たちと交信できるのだという発想が出てきたのです。

日本でも、1880年代の後半に、民衆宗教運動が勃興して、それまでは天皇しか神と交信できないと言われていたのを在野の神がかりな宗教家たちが出てきて、自分は交信者だと言い出します。

アメリカではちょうどブラヴァツキー（1831-1891）がいた時代です。現代のスピリチュアリズムは、このブラヴァツキーの影響を強く受けています（第5章参照）。スピリチュアリズムというのは、そもそもキリスト教会に対する社会的対抗として出て来ました。ですから、社会主義運動と実は表裏の関係にあります。どちらも社会主義運動なのです。社会主義運動はスピリチュアリズムがなかったら出てきていない。そういうふうに言うことも可能でしょう。

幽体離脱

幽体離脱はどういう状態で起きるのか。

簡単に言えば、まず体に不快感がないようにうまく横になることが重要です。ベッドがなくても構いません。ソファーでもいいし、背もたれがついている椅子だったら背もたれを倒しきって、脚にはもう1つ椅子や台を持ってきてそこに脚を上げる。それで関節とか背中の接触面とかに余計な不快感がないようにして、ぼんやりします。眠るわけではありません。半覚醒ギリギリぐらいのところの、つまみを自分で調整していると、突然ストンと入ります。その世界に。そしてその世界に入ると、にゅーっと魂が抜けていきます。魂というか、自分の体が。

面白いのは、頭のほうから抜けるか足から抜けるかで、2通りあります。胸とか心臓のあたりから抜けることはありません。

足から抜ける時もあるし、頭から抜ける時もありますが、そのままポンと抜ける感じではありません。スーッと縦滑りして上から下へ抜けるか、下から上へ抜けます。一旦抜けてしまえば普通に何でもできます。

よく言われるように、今抜けて来たばかりの自分の体が自分で見えます。ただ、誤解しないでほしいのは、抜けたほうも服を着ています。同じ服を着ています。そうすると、この体が幽体離脱したほうの体なのか、今抜けてきたほうの体なのか、わからなくなるときがあります。そういう時の確認方法があって、幽体離脱したほうの体は、皮膚のところをつまもうとすると、そのまま指がずぶずぶっと体の中に入ってしまうので、すぐわかります。指をひっぱろうとすると指が粘土のように伸びる。物質の組成が違うのです。

興味深いのは、犬だけは幽体を識別できることです。私は一度噛みつかれたことがあります。激痛が走りました。なぜでしょう。わかりません。でも、たしかに幽体離脱したときの体なのに、犬に噛まれて激痛が走りました。猫とは出会ったことがありません。猫はだいたい逃げます。犬は幽体に向かってきます。だから犬という動物は本当に霊に敏感な生き物だと思います。犬は、霊を排除することができる生き物なのだと、その時感じました。

ちょっと脱線しますが、犬は本当にすごい生き物です。私は何度もそう感じさせられる体験をしました。犬はスピリチュアルの世界では犬神と呼ばれています。邪霊を払う犬神。要は邪霊を追い払うのに犬神が一番強いのです。それは昔から人々に知られていました。

幽体離脱している時に、怖いのは電線です。電線にからまって引きずられたりすると、なかなかそこから逃げられなくなります。他には、火が点《つ》いているお線香も危険です。霊は火が苦手です。火の中に入ってしまうわけではないのですが、火の傍だと動けなくなります。火というのは水の反対物です。水だと全然大丈夫で、水の中にも平気で入っていけるのですが、火だと真逆です。高圧電線もだめです。本当に電線にからまると、へばりついたようになって動けなくなる時があります。

私はそういう幽体離脱をしょっちゅう経験します。最近ではちょっと高度な技術を使うこともあります。同時に3つぐらいに分かれて幽体離脱するのです。3か所に同時に離脱するということをやります。つまり時間空間が関係ないわけですから、そのことを自分に言い聞かせれば、3か所に同時に存在することが可能なのです。

いま言ったとおり、幽体離脱したら、時空を簡単に飛び越えることができます。瞬時にパリでもブエノスアイレスでも南極基地にも行けます。

科学技術庁の外郭団体に「イスリス」という研究グループがあります。国際生命情報科学会（International Society of Life Information Science）が正式名称です。

このイスリスで、一度、日本から見ると地球の裏側のブエノスアイレスに向けて、選抜して集められた能力者たち10人余りが一斉に念を送るという実験が行われたことがあります。ブエノスアイレスの自閉症の子供たちの施設に、一斉に念を送るのですが、念を送るというより、実際には幽体離脱してあちらに行って、子供たちをヒーリングして帰ってくるのです。そして明らかに子供たちの症状にプラスの改善が見られたという詳細な結果データが出ています。私も関係者でしたから、その報告書を読みました。

昔はこういうふうに、今よりむしろもっと自由に、この種の研究が政府系の団体で行われていました。1970年代などは、議員会館へ行くと首から数珠を下げたような人たちがいつもぞろぞろ闊歩《かっぽ》していました。政治家の数より多かった。そういう人たちのうち優秀な人が宗教団体を持たされて大きくなるという仕組みがありました。しかし2代目3代目になるとポンコツになってしまうという、そういう感じでした。

臨死体験は文化によって違う

臨死体験に戻ります。よく言われるのは、死んだ時にベッドに横たわっていた自分の体から、頭のほうから抜け出て病室の天井のところに浮かんで自分の体を見る。その後、白い光に包まれてビューっとどこかに飛んでいって、それから、三途の川を見る。というような定番の話があります。

私は、そのイメージは文化によってずいぶんいろいろなヴァリエーションがあり、必ずしも絶対的なものではないと思います。ある種の脳内幻覚でそういうイメージを見る人も多いのです。死んだら、今言ったようなイメージを見ることになると、誰かに聞いたり、本で読んでいたりすると、実際にそういうイメージを見がちです。

バージニア大学は臨死体験のデータベースを1万件以上集めていて、その種のイメージのどこまでが本当かはある程度わかるようになっています。典型的なその種のイメージと合致する話もあれば、相当食い違う話もあります。それには、その人の事前の知識が絡む場合だけではなく、その人の先祖の霊たちが、なんらかの意味を伝えたくて、個別に体験させるヴァリエーションもあります。先祖が自分の子孫に何かを伝えたくて、臨死体験をさせて再び現世に戻すというようなこともあるようです。

ただ、よく言われる三途の川、西洋では忘却の川（レーテ）と言いますが、それは私も何度も見ましたから、確かにあります。すごく大きな川です。ちょっと曇ったようなモヤモヤが川面に漂っていて、川岸の向こうのほうは明るくて、たしかにお花がいっぱい咲いていていました。そういう典型的なのは何度も見ました。

ですからそういう霊界というのはたしかにある、彼岸の果てというのは存在する、と1回経験すれば、誰でもわかります。

しかし、中東に行くと、砂漠の果てで死者が待っているという話が非常に多いのです。西洋でも忘却の川（レーテ）はありますが、いつもいつも川ばかりではありません。階段を上っていった先に、空中に穴が開いていて、そこが渦を巻いていて、その先に天使がたくさん見えて、その穴に吸い込まれていくという報告も非常に多い。つまり、結局、自分たちの宗教観が投影されてしまうのです。

ただ、なんらかの隔たりがあって、その隔たりを超えるという事実は変わりません。隔たりがあって、その隔たりをある意味いったん経験させるようなシステムがある。それが臨死体験です。

面白いことに、隔たり以外にも妙な共通点があって、必ずと言っていいほど、そこで会うのは3人の女性です。あの世のお迎えに際しては3人の門番、しかも女性がいます。西洋でも、優美の三女神（カリス、グラーティエ）とか、復讐の三女神（エリーニュス）のように、3人で1つという女神が多いです。

あの世のガイドのためだけの3人の女性の霊がいて、「行くのか？　行かないのか。どうする？」と聞いてきます。結構バタくさい感じの女の人たちです。

日本でも古くから、この世と宇宙をつなぐ月読尊《つきよみのみこと》は実は3人いるという話があります。ひな祭りで祀るのも3人官女です。3人の女の霊という話は結構あります。そこは共通点です。

幽体離脱できる人・できない人

臨死体験で体から魂が抜け出ることと、幽体離脱で体から魂だけ抜けることは同じ現象です。この幽体離脱を、能力者の中でも、できる人とできない人がいます。超能力や霊能力というのは、非常に個性的です。厳密に言えば1人1人違います。画家の画風のように1人1人違いますから、一概に幽体離脱ができないから、その人は能力者ではない、とは言えません。ただ同じような霊能力を持っている人同士なら、当然、そこで同じような体験は語り合えます。

超能力少年仲間でも、霊は見えないと言う人もいました。そもそも、超能力者や霊能者の間でも霊界論はかなり異なります。霊界なんてないのだと言う霊能者もいます。霊界なんてない、人間は今世一代きりだと。だから人はこの今世一代限りをいかに生き抜くかだ。霊界なんていうまやかしを信じてはいけない、と言ってやまない霊能者もいます。これは実はアメリカとかイギリスの原理主義タイプのキリスト教を信奉している霊能者がよく言うことです。霊界なんてまやかし、生まれ変わりもまやかしだ、と。

そういう人は、神様が決めたヘブンはあるが、そんなところは人間が実際に行ける場所ではない、と言って、日本的な生まれ変わり論を非常に批判します。

第2章

霊界の仕組み

霊魂・霊魄・直霊

「ノストラダムス・ファクター」という考え方があります。インゴ・スワン（1933－2013）という米国の遠隔透視の超能力者が唱えた考え方で、この人はCIAに超能力者として協力していた人ですが、人間は、時間を超えて未来が予告してくることを受け止めることができる。受け止めるためのちゃんとしたシステムが人間には備わっている、というものです。こういう、どちらかというと科学的な考え方がある一方で、同じ現象を、あれは霊界からのメッセージだ、要するに別の次元からの存在が、我々に何かを伝えようとしているのだという、そういう2つの解釈があります。

有体《ありてい》に言えば、守護霊や先祖霊が子孫に「そんなことをしていたら、お前、危ないぞ」と伝えようとしているのだ、という考えです。

私は、この2つの考え方のどちらが正しいのかについては、真相は意外と複雑だと思っています。

基本的には、この宇宙には時空を超えた巨大な情報の流れがある。そこにアクセスすれば何でも可能になる。先祖とお話をすることも可能だし、宇宙人と話すことも可能になる。そう考えています。妖怪のサジェスチョンを受けることもできれば、神様の意志を感じることもできます。

これは、何をどのように感じたいかという、人間の側の問題なのです。我々が旅に行ってどういうホテルに泊まりたいかというのと一緒なのです。こちらが何を要求するかなのです。先ほど言った時空を超えた巨大な情報の流れにアクセスさえできれば、何でもその通りに設《しつら》えることが可能なのですから、ある意味、これはカスタマイゼイションの問題だとも言えます。求めよ、さらば与えられん、の世界です。

ここで霊の分類をしておきましょう。

まず先祖霊があります。これはだいたい３３００年前後を１つの節目の単位として、この期間生きていた母方父方の先祖霊が背骨の周辺に渦巻いて結集しています。この先祖代々の先祖霊の結集体を「霊魂」と言います。この霊魂が遺伝子に情報をぶち込んでいる正体です。先祖霊です。すべて先祖霊です。これは霊的遺伝子となって、背骨の周辺に渦巻きながらいつも、今も生きています。この先祖霊がいろいろなことを言いながら生きている人間を導くわけです。子孫が心配で心配でしょうがないのです。

次に2つ目は、物の周りに付随する霊的な要素があります。これは生気とかエクトプラズムと言われますが、物寄りの霊的な要素です。これを「霊魄《れいはく》」と言います。我々はこの霊魄を、食べ物、空気、場所の磁場みたいなものから常に摂取しています。それらが体の中を常時回っていないとだめなのです。「霊魂」(=先祖霊)と「霊魄」(=物寄りの霊)の区別はつけづらいことがあります。私自身も、ある人の前世を透視していたときに、ロシアの海岸風景が見えたことがあって、それがその人の先祖霊なのか、何なのかよくわからないことがありました。話を聞くと、つい最近ロシア産のイクラを食べたばかりだというので、ああこれは「霊魄」の情報だったのだとわかったことがあります。

3番目の霊が「直霊《ちょくれい》」と言われるもので、これは「なおひ」とも呼びます。この直霊こそが、霊魂(=先祖霊)と「霊魄」(=物寄りの霊)に支えられている「神の分け御霊《みたま》」と呼ばれる部分です。この部分こそ、純度が高くなればなるほど、時空を超越して、最高度に自由自在な存在になります。

私たちはコロッと死んだら、この直霊《ちょくれい》と言われているダイレクト・スピリットが神のように時間を超えて自由に生まれ変わっていきます。ただ、直霊のごく一部はホロンのように意思を持っていて、霊魂となって子孫を見守る一部になるのです。この点は意外と既存の宗教はよくわかっていません。

旧字体の「靈」は雨冠に口を3つ書きます。これは、霊というものが3つの要素のコンセントに差さって存在していることを示しています。この3つのコンセントこそ、霊魂、霊魄、直霊のことです。ですから、「霊魂」という言葉は本来、先祖から子孫に伝わっていく霊的な遺伝形質のことだったのですが、初期の英語文献の翻訳者たちが英語のspiritの訳語にこの語を当てたものですから、これが精霊や単なる霊と同じものだという誤った考えが広まりました。これはまったくの間違いです。「霊魂」というのはあくまでも霊的な遺伝子で、それを司っているのは先祖霊そのものです。

それに対して、霊魄《れいはく》の「魄」というは、白偏に鬼と書きます。死してなおしばらくこの世に付随して留まり、徐々に分解されていく物寄りの霊的な要素のことです。

先ほども言ったように、霊魂の情報と霊魄の情報を見分けることが非常に大切です。それが見分けられないと霊能者も一人前ではありません。だけどたいていの人は、混在している2つの情報を分けられません。

日本の霊能者たちで本物と言える人は

第1章で、日本の霊能者たちで本物と言える人が3人いたと書きましたが、その名前は書けません。というのは、とにかく霊能者という人種は他者を攻撃したくてしょうがない人たちが多いのです。そういう精神的性質なのです。自分と違う、異なるものを人一倍恐れる面が霊能者にはあります。ですから自分はこの人とは違う、あの人とは違う、だからあれはインチキ、これもインチキと、互いに言い合っているのです。でもこれは霊能者の性質なのです。ただ逆に、それを意識的に乗り越えないと霊能というのは安定しません。ですから霊能者自身の重要なところは、感情と霊感を混在させないことです。自分の先入観と霊感を混在させない。これを明確に思いっきり切り離すことなのです。

だから昔日本も巫女《みこ》さんが支配した時代がありました。卑弥呼以下の時代です。ですが、なぜその非常に良かった巫女さん文化が滅んでしまったかと言えば、巫女さんたちが感情で他の巫女たちと喧嘩して、暴走したからです。それでテクニカルな男たちの左脳的な理論には勝てなかったからです。それで巫女の文化はなくなってしまったのです。

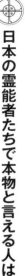

日本の霊能者で本物と言える人は戦後で3人、戦前まで入れると7、8人が優秀な人たちだった。中でも川面凡児《かわつらぼんじ》と筧克彦《かけひかつひこ》は、どうしたらわかりにくいことをわかりやすく伝えることができるかを苦労して考えて表現した立派な先駆者だった。

明治以降の神道に
多大な影響を与えた
神道家・川面凡児
(1862－1929)

神道の教科書と言われた
『神ながらの道』を書いた
法学者・筧 克彦
(1872－1961)

ですから感情と霊感、直感というのは、自分の中できれいに分けないといけません。そうしないと、思い込みだけになっていって、真実がわからなくなるからです。

霊界論には、まさしくそういう面があります。それぞれの霊能者の思い込みが非常に激しく働いています。ですから、そういうことを考慮すると、客観的に話せていたと私が認定できる人は、今まで3人しかいません。この人たちの名前は言えません。ただ戦前まで含めれば、私が戦前の文献をいろいろあたった限り、優秀だった人は7、8人います。彼らはそういうことをきちんと本に書いています。そのうちの1人は有名な人で、日本の近代神道の論理をまとめた川面凡児《かわつらぼんじ》（1862－1929）という人です。この人は今言ったような話をきちんと本の中に書いてあります。ああすごいなと思いました。

あと神様のとらえ方では、実は弁護士で法哲学の専門家でもあった筧克彦《かけひかつひこ》（1872－1961）がいました。そう、筧神道の創始者です。職業は弁護士でした。しかし『神《かん》ながらの道』という近代の天皇家の神道の教科書を書いた人です。この2人は本当に優秀です。全部正解なわけではないですが、この2人はどうやったらわかりにくいことをわかりやすく表現できるか、本当に苦労したことが本を読むと見てとれます。

霊界段階論は百害あって一利なし

ですから、霊界と、超能力の世界は、霊界の助けを借りて超能力を実践していると捉えてよいかという先ほどの問いに戻ると、そこは議論があるところで、最終的には相互扶助だと言えるでしょう。だから問題は、長い間宗教の中では、人間は下、霊界が上、神界はもっと上という見方が定着していましたが、この侮蔑差別が多くの問題を生んできたことなのです。これは西洋の先ほど言った教会の考え方でもそうです。教会だけが、国王だけが霊的な世界をわかっているのだ、お前たちは馬鹿なのだ。だから我々に従えという教会主義は、やはりスピリチュアリズムによって崩壊します。

しかし面白いことに、19世紀後半に世界同時多発的にスピリチュアリズム運動が起きました。これは霊界からの指示だと思います。でもそれは、多くのいまだに信じ込まれている霊界次元論とか、高級霊－低級霊みたいな馬鹿馬鹿しい考え方とまったく逆の意味でなのです。つまり、人間界は低級、霊界のほうが偉い、神界はもっと偉い、というような侮蔑差別的な考え方の全否定が、19世紀後半のスピリチュアリズム運動勃興の推進力でした。つまり、「人間の解放」だったのです。それが同時に、あの時代マルクスを生んだのです。

こう考えてください。自由と解放の度合いが一番強いのが神様の世界、神界なのです。そして人間は、本来は個々にそれと同じ第一級の自由と解放を自ら経験しなければいけないはずなのに、そうはなっていなくて、自由と解放というのは無秩序を作ることだと勘違いしています。文明を進化させればさせるほど、我々から自由と解放を奪う縛りを逆に多くしてしまっているのが、現代の病んでいるところです。

我々がなぜいつも、みんなイライラしているのか。日本はこんなに自由になったではないか、戦後80年、1度も戦争を直接経験していないじゃないか、とすぐ言いますが、果たしてそうでしょうか。自殺者の数を冷静に考えてみてください。2001年からのアフガニスタン戦争で亡くなった民間人を含む全死者数（約18万人）は、その間、日本で自殺した数（約60万人）よりずっと少ないのです。戦争で死んだ人の数より、多い数の人が自殺している。それは一体どういうこと？と、誰も触れたがらない。こういう深刻な問題から常に目をそらすことしかしない。テレビもそう。何か元気が出る番組でも見たいと思ってBS放送を見ていると、コマーシャルでは老眼鏡、補聴器、サプリメント、健康食品のコマーシャルばかり見せられる。若返り、膝や関節の痛みを取る、そんな話ばかり。毎日毎日人間はどんどんポンコツになっていくという刷り込みを受けている気がします。どんどん自分に自信を失っていって、社会や科学や宗教に依存するように仕向けられる。非常に激しい依存型の社会をメディア全体がどんどん促しています。この流れは止まりそうもありません。

こういうことを私が書いたり言ったりすると、すぐ「秋山は、そんな話ばかりする」と批判されます。でも私は、昔から言っていることは終始一貫していました。

霊界の話に戻しますが、私は昔から時間論で霊界を語らないと真実は見えない、と主張していたのです。空間論で主張する人たちは、ややもするとキリスト教的な、人間界が下で霊界が上、神界はもっと上、という段階的空間論の影響を暗黙のうちに受けていました。私のほうがずっと終始一貫していたのです。

それなのに、この間も古くからの知り合いの研究家がやって来て、「秋山さんの時間論というのは、最近みんなが時間論を言い出すようになったから、そこに乗っかっているだけですよね」と言ったので、何を言っているのだ、この人は、とたいへん憤慨しました。昔は私がいくら時間論を説明しても、理解する人がいなかったのです。それぐらい霊界段階論が確固とした地位を保っていました。

ですから、今回、この本で霊界をめぐる考え方の交通整理を、私の遺言に近い本にするぐらいの気持ちで書いているのです。

なかなか理解されない「分魂」という現象

先ほど霊の種類について話しましたが、守護霊、先祖霊、神様の関係について、もっと詳しく掘り下げましょう。

まず自分を基本にして考えるのがわかりやすいと思います。当然、自分は死んだらどうなるのか、というのがまずあります。先ほどから述べているように、我々は死んで霊になると、時間空間を超越して、要するに時空の彼岸に到達するので、同時に2か所でも3か所でも存在できる資質を得ます。ですから、極端な話、輪廻転生して生まれ変わる場合、自分はもう生まれ変わりを経験しているのに、同時に自分の一部は子孫を守るということができるのです。ですから、あなたの守護霊となっている霊が、同時にすでに生まれ変わって、この人間界のどこかで生きているということが可能なのです。

まずこのことをきちんと理解することが霊界論の突破口です。みんな、ここがわからなくなるのです。そして既存の宗教もここが複雑だから説かなかった。つまり科学が追いついていなかったからです。

今風に言えば、量子的構造がそこに発生しているということです。時間を超越しているとすれば、2か所だろうが、3か所だろうが同時に現れることは可能なのです。だから、私自身、幽体離脱するときにそういう分魂《ぶんこん》の技を使うことができるのです。

私がこのことを最初に知ったのは、実は霊で知ったのではなくて、UFOなのです。UFOは同じUFOが突然2つに分裂したり、3つになったり、また1つに戻ったりします。明らかに母船から小型円盤が出ているのだったら理解できますが、そうではなくて、はっきり分裂して3つにも4つにもなったりします。私は何度もそういうUFOを見ました。いまだにUFOたちは激しくそれを私たちに教えようとして見せます。繰り返し繰り返し見せる、わかってると言ってもまだ見せます。

ですから、私はUFOと遭遇していくうちにわかりました。そうか同時存在なんだと。だから、私が死んだら、私の本体の1つは自由に生まれ変わって、またこの人間世界に戻って、今度は日本ではなくてフランスにしようかなあみたいなことができる一方で、もう1つの私はあの世にいて、子孫の繁栄のために守護霊として子孫を見守ることができるのです。

生まれ変わるとき、親はどうやって決めるのか。自分で決めます。我々は自分で親を選んで生まれてきます。必ずしも、楽ちんな親を選ぶというような単純な基準ではありません。いろいろなことを考えて、かなり高度な選択の基準を持って、その視点から親を選んで生まれて来るのです。でも、生まれてしまうと、あの世で選んだ時の記憶を忘れてしまいます。ですから、物心つく頃に、自分はどうしてこんな親のもとに生まれてきたのだろう、などと思ったりしますが、それは単に選んだ時のことを覚えていないだけで、本当は理由があって、自ら選んでその親のもとに生まれてきたのです。

その一方で、自分の一部はあの世にとどまり守護霊として必死に全力全身で子孫を守る。その子の存在理由も全部わかった上で守るわけです。その子の前世が何であったか。その子の来世はどうなるか。今この世で、このまま歪んだ癖を持ったままいったら、どういう運命をたどることになるか、霊には手に取るようにわかるわけです。矯正されない霊は何度も何度も同じことを繰り返しますから。下手したら来世、来々世、来々々世ぐらい、3世ぐらい先まで見えるのです。

するとどうするかと言うと、他の守護霊の先祖霊たちとああだこうだと相談して、その子の潜在意識を通じて影響を及ぼします。顕在意識に直接現れて、あれこれ言ったら、その子が恐怖でびっくりしてしまいます。恐れが生じてしまうのです。霊界にもＵＦＯの世界にも、激しい恐れを与えて人間たちの魂を萎縮させることはなるべくしてはならないというルールがあるのです。彼らには彼らの法律があります。だからなるべく顕在意識に現れることを抑えながら、潜在意識を通じて少しずつ少しずつ教育するのです。

ＵＦＯの場合、それは未来からの教育ということになります。そもそも本当は、ＵＦＯが言っていることというのはたった１つなのです。

「核のことをよくわかっていないのに、核をいじりまくるのをやめなさい」です。それだけです。核廃絶とまでは言いません。しかし、核を訳わかんないのにいじりまくって利権の種にするのをやめなさいと、ＵＦＯは本気で人類のことを心配しています。これは私は正論だと思います。そう面と向かって言われた時に真正面からそれに反論できる人は人類にはいないはずです。この日本にも世界にも。核なんてほとんど利権ですから。しかし核の利用自体が問題なわけではないはずです。ただ、失敗したら36万年被曝しますけどそれでもいいのですか、ということです。その責任感を持って核開発を、人類全体の合議のもとにやるぐらいの厳しさがないと危ないのではないですかと、しごく真っ当なことが困ったことに守られてないから宇宙人たちもやたらと地球に来て、核の問題を警告しているわけです。いまだにそうです。

神とワンネス

先ほど言った、霊は同時にあちこちに存在できるという真実を理解することは、この世界にいる私たちにとっては一番難しいことだと思います。なぜかと言えば、それは自分は自分であるという、近代的な人間のアイデンティティの考え方にまったく反しているからです。やはり現実に生きていると、この自分という何か精神的なものがあって、そしてこの肉体があって、この統一感の中で自分は自分であるという感覚の中で人は生きています。これが成り立たない世界というのを理解することは簡単ではありません。

ところが、まさにこの近代的なアイデンティティの考えこそ、最も神から遠いところに人間を置いている考え方です。神というのは、困ったことに、毎日の食事の際のご飯粒の一つ一つの中にも、お風呂の中の浴槽の水滴の一粒一粒の中にも、夜空の果ての光り輝く星々の一つ一つにも、同時に存在しているのです。その神の意識を受け入れなければ我々は完全な自由を得ることができない。だから自由というのは、まず自分をよしとすること。本来自分は完全な自由のはずだ、とおぼろげに感じていながら、しかしその完全な自由を自ら語ることができない、理解することができない最大の理由は、個が自由ではないとあなた自身が決めているからです。

ですから、完全なる自由が実現するあの世の感覚というのは、初期の哲学のプラトンから始まって、18世紀のスウェーデンボルグ（第4章参照）に至るまで、みないろいろなかたちで霊感的には感じていました。霊感的には解明できている。しかし彼らでさえ、説明するのが非常に難しいと感じていた世界だと思います。

要するにブラヴァツキー運動（第5章参照）の人たちが初期の頃言ってた「アガーシャ」。この宇宙にはアガーシャという情報の大河があるのだと。その一滴が我々だという思想があります。五木寛之さん的に言うと「大河の一滴」ということでしょう。最近ではワンネスという言い方もあります。

ジュリアン・シャムルア（１９８０－　）というフランス人で、人類学と言語学の博士号を持っている若い能力者がいます。自身のＵＦＯ体験などを記した『ワンネスの扉』

（ナチュラルスピリット社）という本を書いています。非常に天才的な人で何か国語もできて、そのうえ企業経営までやっている人なのですが、若い時に宇宙人とのコンタクト体験があってワンネスの思想に目覚めたのです。私が会ったときに、彼が「やっぱりワンネスだよね」というから、「君は言語学的にワンネスをどう説明する？」と聞いたら、「ここに神の突起物があるだけ。神の眼球がここにあるだけ。僕たちは神様の眼球。それぞれが神様の眼球の一つ一つ」という説明の仕方をしていました。それも表現としてはよく考えられたものだと思いました。他には「ホロン」という言い方もあります。ホロンとして一即他、他即一というインドの古代の表現がそれに近いものだと思います。多は一《いつ》であり、一《いつ》は多である、というブラフマン的な表現もあります。

そしてブラヴァツキーのアガーシャもわかりやすい。しかし、多くの著名な霊能者や、本当に真剣に人間の存続や平和を考えた宗教者たちが本当に言わんとしてきたことは、常に、いつでも「ここ」なのです。ここの悟りだけは体験でしか悟れないからです。どんなに表現の粋《すい》を尽くしても、このことだけはその通りで、それはどうしようもありません。

守護霊

守護霊の多くは先祖霊です。ほとんどすべてと言っても過言ではありません。ただそれとは別にもう一つ、私が「寄り添い」と呼んでいる霊群があります。これは例えば、よくかわいがった、先に死んだペットであるとか、あるいはたまたま死に際を見守ることになってしまった例えば蛇であるとか、そういう霊が憑依霊と守護霊の中間ぐらいのかたちで、害なき程度にその人に付随することはよくあります。私は、ペットの犬が死んでしまって悲しみに暮れて泣いている主婦の方が来られて、お話ししたときに、その犬の霊が本当に楽しそうにぐるぐるぐるぐるその方の周りを回っているのが見えて、思わず微笑んでしまったことがあります。こういう「寄り添い」の霊たちは時間が経つとゆっくりと離れていきます。その霊たちにはその霊たちの本当の生きる筋、存在の筋がありますから、そこに戻っていくわけです。ただ、一時的に付随することは時々あります。それでその時に、例えば蛇の死んだ時の記憶とごっちゃになってしまって、前世が蛇だった記憶があるのですがという人が時々いらっしゃいます。時には詳細に蛇が死んだ状況を語ったりする場合もあります。でも実際には、前世が動物や植物ということはありません。種を飛び越すことはこの世界ではありません。

一人の人間につく守護霊の数に決まりはありません。ありませんが、その人が子供の頃からやりたいことがいくつもあるような人の場合、あるいはかなりの天才肌で、単に関心・興味の幅が広いだけではなく、実際に何をやっても周囲が驚くような成果を上げるような多才な人の場合、守護霊の数も多いものです。そういう人の場合、最近では海外に出て行く人も多いです。行動パターンから言うと多動的なタイプと、アスペルガー的なタイプの人がいます。こういう人たちの場合、自分が本気でやりたいと思った分野に絡んだ守護霊がすべて出てきます。だからリーディングするとたくさん見えます。

それに対して、職人気質《かたぎ》で私はこれしかやらないみたいな人の場合、守護霊は多くても2、3人です。

いずれにしても守護霊はだいたい先祖霊です。先祖霊は3300年分いますから、どんな分野でも誰か彼か、その分野に関わりがあった先祖というのは必ずいます。

そして、その守護霊としてついている先祖霊たちは、守護霊同士でこの子をどう見守ろうかと、いつも相談しています。まるで人間たちが家族会議で相談するように相談しています。

私は、あるところに行ったとき、大きな地縛霊の塊と対決したことがあるのです。ものすごい勢いで地縛霊たちが私に向かって来ました。それで、その地縛霊たちの話をいろいろ聞いてみると、彼らの氏族は、戦国時代に自分たちの土地を守ることに全精力を傾けて、文字通り血まみれになりながら戦っていたのです。体じゅうに槍や刀が刺さったまんまの姿で現れましたから。それでも自らの刀を抜いて私を威嚇するのです。よそ者がこれ以上入ることは許さないと。

その時、私の背後からぱあーっと武将の霊団が、数十名、上から降りてきて、いきなりそいつらに向かって刀を抜いて威嚇したのです。私に向かっては「お前は動くな。ここは任せろ」と言うのです。つまり、私の守護霊たちの中にそういう武将たちがいるのです。

私の先祖をさかのぼると、秋山信友という武田信玄の筆頭家臣に行き当たります。私はその直系です。血気盛んな武士だったようです。織田と徳川の間でいろいろ苦労したそうです。武田信玄は、要するに負けなかった戦国武将ですから、その苦労も並たいていのものではなかったでしょう。最後は病死してだめになってしまいましたが。

その秋山信友たちの霊が、私の背後から集団となってぱあーっと降りてきて、地縛霊たちと刀を抜き合って、睨み合いです。でも、いきなりチャンバラになるわけではなくて、昔の人たちは意外と刀を抜いて実際に戦うまでには時間があったのだなと思います。その時も、刀をちらつかせながらなんだかんだ言い合っているのです。そのうち刀を持ったまま話し込むような体《てい》になる。なにかもめている。なぜ武田は山梨に陣取ったかというと、そういういろいろな連中を止めたかっただけなんだと、先祖の感情がその時ものすごく私の中に入ってきました。

そうしたらなんと、いろいろ話し合いをして、地縛霊たちがわーっと引いて行ったのです。すると、私の武将の先祖霊が、帰りしなに「よかったな」という顔をしながらニコッと笑いながらまた私の背後に下がっていきました。本当の武将たちの戦い方というのはこういう感じだったのだと、私は見ていて思いました。お互いに武器をちらつかせながら長い間ずっと睨み合い、しかしその間もああだこうだと言い合い、威嚇の言葉だけではなく、そこでは理も尽くす。そうやってコミュニケーションをとって、それでだめなら最後はどっちも死ぬ気でぶつかるという戦い方をしたのだなと感じました。結構、ドラマですよね。

霊とのコミュニケーション

霊とのコミュニケーションは、いわゆるテレパシーです。言葉の音声を発するのではなく、瞬時に意味がズドーンと入ってきます。高度な内容のことでも、本1冊分あるようなことでもズドーンと入ってきます。ですから、逆にそれを紐解くのに時間がかかります。しかし、簡単な内容の事柄だと、体に直に反応が来ます。「この事案はこのまま進んでよいでしょうか、それとも一旦やめたほうがよいでしょうか」と聞くと、イエスの場合は必ず左側にピピッと反応がきます。それで進んではいけない場合は右側にピピッと反応がきます。守護霊との交信法にはいくつかあると、昔から示唆されていて、指でやる方法もあります。要するにダウジングみたいなものです。

これは宇宙人とのコミュニケーションとまったく同じです。ただ、宇宙人には少しスローですが、日本語をきちんと喋る宇宙人もいます。彼らは地球のことをかなり専門的に学んでいます。まるで地球担当環境保全課の職員みたいなものです。じつによく研究しています。ですから、我々の言語の知識もあるのです。例えば、時代をさかのぼって、古代語はこの時代においてはこういう発音で、こういう話し方をしていたんだよ、と実演してみせてくれます。「ハートマークは古代からずっと存在するんだよ、面白いですね」と言ったこともあります。

宇宙人にはだいたい大別して3種類の宇宙人がいて。それぞれ考え方が少しずつ違います。存続とか時間に対する考え方が少しずつ違うのです。

第3章

霊界とUFO

私の幼少時代

私が自分には他の人と違う能力があるのだとはっきりと気づいたは1974年、中学2年の時で、13歳の終わりぐらいでした。

その頃、私の家は静岡市の市内の街中から藤枝という、西のほうの田舎へ引っ越したのです。今でこそ藤枝はサッカーの街で有名ですが、当時は、本当に田舎でした。私の父がその田舎の山のふもとに家を建てて家族で引っ越したのです。学校も転校しましたから、家から学校まで1時間以上歩かなければいけなくなって、なかなか友達もできにくかった。

当時、テレビやメディアでは、見えないものと交信するというのが流行っていました。1つはコックリさんブーム。もう1つは映画『エクソシスト』のような世界の流行です。そして3つ目がやはりUFOブームでした。

私は、子供心に、そういう見えない世界というのは、呼びかければ答えてくれるものだと信じ込んでいました。自宅の2階の窓から見える風景は、本当に「日本の田舎」の典型と言いますか、見事に美しい景色でした。見渡す限りの田んぼの稲穂がたわわに実ると、それはそれは美しくて、夜になると、稲穂が月明かりの下で銀色に光って見えました。時々イタチが稲の穂を食べに来て、ぴょんぴょんと飛ぶのです。まさにトトロの世界です。

朝早く起きて森の方角を双眼鏡で見ていると、木々の梢《こずえ》に巣作りをしているハヤブサが見えたり、地中にはモグラがいっぱいいたりとか、何より夜空の星が本当に綺麗でした。そして夜は虫の音以外は何も聞こえない、奥まった自然の中の静寂が支配していました。

私は静岡の町場から引っ越してきましたから、この自然環境にはとても影響を受けました。なかなか友達ができづらかったということもあって、自然と、夜な夜な星空を見つめたり、窓から見える田んぼや遠くの森をいつまでも見つめていたり、という、ある意味劇的な環境の変化を経験しました。

しかし、考えてみると、はっきりと自覚したのは13歳の頃なのですが、それ以前から変なことはちょくちょくありました。

例えば、私にしか見えない光の玉がよく見えました。97ページの写真は私が3歳の頃の写真です。この時は清水市にいたのですが、3歳の私はじっと自分の横のところに見える丸い発行体を見つめています。偶然父親が撮った写真にこれが写っていました。父親にはこの時、この火の玉が見えていません。しかし、子供の私には見えている。視線がじっと火の玉に向かっていますからわかります。つまり、私にしか見えないものを早くもこの頃から見ていたことになります。

それから、私は子供の頃、喘息持ちでした。能力者にはアレルギー持ちとか喘息持ちの人が多いです。発作を起こした時に、ベッドの上で苦しくて暴れている自分を、心配そうに見ている両親の背後から自分が見ているという経験を何度かしています。だからやはりその頃から資質はあったのだと思います。

他にも不思議な体験をしました。まだ5歳ぐらいのときでしたが、小さな、彫刻を施された鉄の球みたいなものを道で拾って、それをジャンパーのチャック付きのポケットの中に入れて、父に見せようと勇んで家に飛んで帰って、父に見せようとして、ポケットを探ったら、その玉が消えていました。家に帰ってきたときにはまだ重みを感じていましたから、間違いなくポケットにはあったのに、気づいたら消えている。そういう経験も何度かありました。

子供の頃から私は、私にしか見えないものを見ていた。私にははっきりと右下に写っている光の玉が見えていた。だからじっと見つめている。写真を撮った父にはこの光の玉は見えていなかった

「おたまちゃん」をじっと見つめる３歳の頃の私

それから、ちょっとしたことがピッとわかるような妙な性質があったのです。だからよく小さな子供が、空中を見て何かをぼんやり認めたりするというのは、やはり霊能的な資質があるのです。私たちは「おたまちゃん、おたまちゃん」と当時呼んでいましたが、先ほど言った光の球のようなものをよく見ました。私だけでなく、そういうものが見える子供は他にもいたようです。霊的現象とか、UFOとか、そういうものの根底にある、時間の違う世界の窓が開く時にこの光の球が出てきます。そのことは後々わかってきました。

そして13歳の時に、田舎の自宅の部屋からぼんやりと空を見ていたら、巨大なUFOというか、光の球を見ました。ひし形で、お皿型をした大きな光の球でした。グリーンライトなのですが、その中に入ると淡い薄茶色をしていました。その光をバーンと浴びたのです。光にドーンと圧力があるのです。そのまま後ろへ押し倒されて、ヨタヨタとしてベッドの上にパタンと斜めに倒れたようです。それで気がついたら朝です。

それで一見何も変わっていないようだったのですが、その日を境に私が触れたものが壊れやすくなりました。ドアノブをしつこくいじると取れそうになりました。金属疲労を起こすようです。金属だけに限りません。歯ブラシも折れる。靴の紐でさえすぐボロボロになる。とにかく私が触れる物が壊れていくのです。

植物に触れると、触ったところが指の形に枯れてしまいました。そういう不思議なことが起きました。

それと並行して、見える、聞こえる、臭う、味がくる、皮膚感覚が出てくる。例えば、ここにコップがあったとしましょう。私がそれに触った瞬間、前にこのコップに触っていた人の感覚を今触っている私が感じることができるのです。ですから、人が触ったものを直後に自分が触るのが気持ち悪くなったりしました。変な感覚がいっぱい出てきました。

当時私の頭の中身はまだ13歳でしたから、それが霊能だとか、超能力だとか、考えることができなかったのです。ただ気持ち悪いなという感覚があって。母親もちょっと心配して、この子は変ね、みたいな感じはあったと思います。

でも父親は名古屋大学でマルクス経済学を学んだ、唯物論のバリバリの人でしたから、スピリチュアリズムみたいなものには距離を置かないといけない、という暗黙の前提があったと思います。私は逆に、非常に興味を持ちました。自分の中で起きていることも、これは何だろうと思いましたから。例えば、その頃、私が写真を撮るとぼんやり人の顔みたいなものが空中に写っていたりしました。そういうのも不思議でしたし、それから友達にも何人か同じような経験をする子がいることがだんだんわかってきました。本当に不思議なのですが、友達同士で、お互い家にいながらまったく同じものを見ていたり、同じ感覚があったり、同じ日付の日に同じ霊的な夢を見たりということがありました。

だから、そういう共通経験をしている人が、数は少ないけれど意外といるぞということは思いました。

しかしそういう子たちを、幸か不幸か、あの超能力ブームでマスコミが一斉に探し始めました。いくつかのテレビ局がそういう子たちをお昼のワイドショーから夜のゴールデンタイムの番組にまで出演させて、使うようになってきたのです。当時は、誰かがTV局やマスコミに「こんな少年がいるぞ」と投書しさえすれば、すぐに自宅に直接取材に来てしまうわけです。そんなこんなで私たちも結構テレビに出たりして、スプーン曲げをしたりしました。ユリ・ゲラーブームです。霊視もずいぶんやらされました。そんなこんながあって結局、超能力を持つ少年ということになったのです。

当時は霊能力も超能力も曖昧に同じようなものという捉え方をされていました。プロローグでも述べましたが、当時、超能力などの未知現象の研究家というか、ジャーナリストだった中岡俊哉さんという方がいました。この人は当時相当有名だった人で、とくに心霊現象に関してはだいぶ深く関わっていました。１９８４年に出た『狐狗狸さんの秘密』（二見書房）という本は大ベストセラーになりました。だけど、この中岡さんは、霊能力と超能力は違うのだと主張しました。しかし我々からしたら、この2つはまったく地続きで、いろいろ不思議なものが近づいているなという感覚はＵＦＯだろうが、妖精だろうが、妖怪だろうが、幽霊だろうが、まったく一緒です。何かざわざわするというか、静電気が一気にパーッと立つような感じです。

違いと言えば、死んだ人の霊が近づいている場合は体が冷えます。宇宙人の場合は逆に頭に血が上って、頭がキューと締めつけられるような感じになります。そういう体の反応の違いはあります。

総武線の電車の中で見た幽霊

34ページにも書いた電車の中の幽霊は何度も見ているのですが、今から15年ぐらい前ですか、総武線の電車の中で見たのはよく覚えています。霊界研究をされていたある著名な方のお見舞いに病院に行った帰りでした。その日の総武線は日中にしては、結構混んでいました。両側の席の間の通路に人が結構立っている状態でした。私と知り合いは、空いていた席に座れたので、向かい側の席の人が見えたのですが、立っている人の間に見え隠れしながら、長い髪をしてベージュのワンピースを着た女の人が座っているのです。茶色い靴を履いているのがよく見えました。その女の人の様子がへんなのです。最初は、その人、電車に酔っているのかなと思って見てました。盛んに体を揺らしながら、ときどきへんな目つきでこっちを見ているのです。立っている人の陰に隠れたり、また体が揺れて間から見えたりしていました。私だけではなく、知り合いにもその姿は見えていて、「何かヘンな人だよね」と二人で顔を見合わせたことも覚えています。次の停車駅が近づいて、立っている人の何人かが動きだしたので、あっ見えにくいなと思ったら、その人もういなかった。忽然《こつぜん》と消えました。まだ電車はどこにも停まっていないのに、ほんの一瞬でその席からその女の人は消えました。右のドア前にも左のドア前にもいません。ただ座っていたはずの席だけ空いていました。私は再び知り合いと顔を見合わせると、知り合いは「えっ」という顔をしていました。

私がその時感じたのは、その女の人は以前、その電車の中か、あるいはその直前で亡くなった人の霊で、どうしても次に停まるはずの駅に行きたかったという強い思いがあって亡くなったのだと思います。その時の知り合いも霊感のある人だったのですが、とにかく私たちは２人ともその女の人を同時に見ていました。能力者の中でも、総武線で幽霊を見たという人はかなりいます。あの線はいるよね、というのは霊能者の間では暗黙の了解になっています。

「障る」と「触る」

今のケースは私以外の人も見えた珍しいケースですが、私以外の人は見えない場合のほうが多いです。

霊は自分が生きていた時代の姿で現れます。だからアンテナを引き出すタイプの古い携帯を持っていたり、最近ではあまり見ない真っ赤な口紅を出して引いていたり、妙に今とちょっとずれた感覚が漂います。ようするに、霊は、付随するそういうものまで一緒に化けて出てくるのです。ですから霊の信念というのはすごいです。この人たちは自分が信じた時代のままの姿で出て来られる。アンテナ付きの携帯を持つんだと思えば、瞬時に手に持って出てきます。

彼らは、霊なのに、この世に留まっている霊なのです。この世に自分はまだ生きていると思っているのです。自分はまだこの世に生きているという意識を持ってこの世に留まる霊たちは、やはり非常に激しい、何か非常に狭い思いを持っています。これを知らせるんだとか、これを成し遂げるんだとか、たった1つだけの執念のような拘《こだわ》りで思いが凝り固まっていて、その人間の念たるや凄まじいものです。霊と遭遇するたびにそのことはたくさん感じました。

他の人から見えない霊の場合は、見えないわけですから、そこに他の乗客たちが重なって座ったり、通り過ぎる人もいます。場合によっては、そこで取り憑かれる場合もあります。俗に言う「触る」。私は霊障と「触る」ということは分けているのですが、触るというのは本当に霊に触れてしまってかぶれたような状態になることを言います。「触る」の場合は霊的な痕跡が少ないので、霊能者が見ても霊障と見なされない場合もあります。しかし、その後、おかしくなった時にどこにいたのかを検証していると、やはり「ああ、あそこね」と霊能者なら誰もが思う、いわくつきの場所を通過しているこ とがわかります。そこで触ったな、とすぐに判断できます。だいたい「触り」の場合は高熱が出ます。高熱が出ても原因がわからなくて、そのまま高熱が続いてしまう人もいます。

そういう「触る」のケースとは違い、まさに霊障そのもので、霊がしがみつくケースがあります。気味が悪いと言えば気味が悪い。霊の取り憑き方というのはさまざまです。よくあるように肩の周り、首の周囲に取り憑くのはごく一般的ですが、それだけではありません。乗っている車のタイヤにしがみつく霊もいます。タイヤに霊がしがみついて、ぐるんぐるんと回っているのですから、マンガみたいですが、本当のことです。車の場合、普通に助手席に霊が乗っているケースは多いです。私には一発で見えます。助手席に誰か乗っているように見えるが、あの助手席に乗ってるやつは、この世の者ではないとすぐにわかります。

高速道路に出る霊も多いです。名前は挙げられませんが、昔は東名高速のある一部、静岡よりちょっと西の方面ですが、そこを通りかかるとよくワンピースを着た女の人の幽霊が出ました。夜、車で通ると何度も見ました。アザだらけの、裸の格好で追いかけてくる女の人の幽霊です。まだあの人いるわと、通る度に思ったことがあります。

私の家族や親戚筋では、私の母がちょっと霊能力の傾向がありました。母方の実家は伊豆なのですが、やはり元々そういう能力がある誰かがいたのではないかと思います。

私の妹は子供の頃にＵＦＯを見たとか、よく言っていました。今、その妹の長女、私の姪っ子が、やはり小さい時にそういう不思議なものを見たのだけれど、どうしたらいいかと相談されました。

私の娘は、すでに子供がいるのですが、その子供が、つまり私の孫ですが、小さい頃からいろいろな霊的体験をしています。ですから、遺伝でしょう。遺伝するというのは確かなようです。しかし、それは学習するのか、元々遺伝子の中に霊能者の遺伝子というのがあるのか、そこはよくわかりません。だけどやはりそういう性質は身内に宿りやすいというのは間違いないでしょう。

初めての宇宙人遭遇

私が初めて宇宙人と会ったのは、高校２年生の時です。それまでに、宇宙存在というのは、昔からエンジェルと言われたものの一部なのだなとか、仏教では如来菩薩と言われているものの一部なのだなということは、大まかには理解できるようになっていました。実際に宇宙人に接触したのはそれから2、3年経ってからです。

１０９ページの写真は、宇宙人に直接会う前の、ＵＦＯ体験を多くしていた頃の写真です。これは中学生の頃で、まだ坊主頭です。静岡県の日本平で撮ったものです。この頃、日本平でよくＵＦＯに出会いました。横尾忠則さんもよく本に書いていますが、静岡の日本平は、ＵＦＯスポットとして有名です。この写真の光っているところがＵＦＯです。この時は何基も来ていました。盛大に夜空を飛び回っていました。日本平は本当にＵＦＯが多かったです。

宇宙人に会ったのはそれから数年後でした。彼ら宇宙人は段階的にいろいろなテレパシーみたいなものを我々に送ってくるのです。それは言葉でも、映像でも来ます。そしてその映像は立体的で、本当に触れるぐらいリアルな映像が来るのです。だからそれは妄想だと、言ってしまえばそれまでです。しかし、本当に自分が頭に思い描いたり、空想したこととははっきりと違う、明確な映像や質感が来るのです。

それから、最終的には映像や言葉を通り超して、ある特定の意味が、大括りにドカーンと、まるでＤＶＤをインストールするみたいにインストールされるのです。そうなると、大きな1つの物語が瞬時にわかります。

もう1つ、オートマチックライティング（自動書記）という方法もあります。

具体的にはUFOを呼び出して交信していた時です。一時は毎晩のごとく呼んでいました。友達にも声をかけてみんなで集まって、近くの山へ上って、山の上でみんなと一緒に見ていましたから、とても楽しかったです。そのうち宇宙人たちが段階的にいろいろな種類のテレパシーを送ってきました。その時に、突然手が動いて文字が書かれ始めます。それ用のノートも用意して行きます。オートマチックライティングの状態になると、私は左利きですが、右手でも書けるようになります。いきなり両手利きになるのです。両手で書かないと、伝わってくる内容を書き留められません。霊的なものの情報はスピードが速いのです。だからぱっと摑んで素早く形にしないともう消えてしまうのです。ですから彼らには我々とは全然違う時間があります。

それから、初めて宇宙人と対面したのは、高校2年生の時です。ある夏の日、突然、静岡市内に出るようにとテレパシーが来たのです。どうしてもその田舎の町から東海道線に乗って静岡市内に行けというメッセージを感じたのです。静岡市内のメインストリートの風景が何度も目の前に見えて来るのです。その日は休みだったものですから、しょうがない、と私は午後になってからふらっと出かけて、東海道線で静岡に出ました。

UFO体験を数多くしていた15歳の時に、静岡県の日本平でUFOを呼ぶ。紫色の光球（左上）が飛来した

1976年5月26日、午後7時42分から静岡県の日本平で

暑い日だったように覚えています。さっきまで何度もビジョンが見えた市内のメインストリートまで行き、大通りを歩いていました。

ふと気づくと、その大通りを向こうから歩いて来るビジネスマン風の男性の姿に気づきました。その人は妙に鮮やかなブルーの、ピシッとした背広を着て、髪はきちんと七三に分けて、まるで散髪してきたばかりのようでした。もみあげだけ、ちょっと長めでした。その人が私に向かってスタスタスタスタ歩いて来るのです。

近づくと、眉毛が尖って見えるので、何か違和感がありました。突然、その人の姿がぶわーっと大きく私に迫ってきました。何だろうと思いました。明らかにその人は私のことを意識している感じがしました。でもニコニコしている。だんだん近づいてきて、私も近づいていって、1メートルぐらいまで近づいたとき、テレパシーで、自分は宇宙から来た、とはっきりメセージを受け取りました。私は思わず足を止めて、立ちすくんでいました。

すると「近くでお茶でもしましょう」とその人がまたテレパシーで言いました。そのまま、近くの建物の地下にある喫茶店について来るよう促されました。

その人はゆっくりですが、ちゃんと日本語を話しました。でもお店の人に注文するときは日本語を使っていましたが、私と話すのはテレパシーで話しました。自分たちのように人間と変わらない状態でこの世に住んでいる宇宙人はたくさんいると言っていました。それから、あなたは今までにこんな経験をしましたね、あんな経験もしましたねと、初対面のその人が知る由もないことをいくつも並べ立てました。私の経験をすべて知っていたのです。私は驚いて、へえと思いました。これは本物だと思いました。

そして、もしあなたが怖がらず、受け入れてくれるのであれば、私たちは今後もこうやって、時々直接あなたに会いに来たいとも言いました。いろいろとあなたに提供したいプログラムを用意していますと。私は本当にドキドキしながら、「是非お願いします。やらせてください」と言ったら、ニコっと笑って出て行きました。レジで普通に支払いをしていました。

それから頻繁にいろいろな宇宙人が来るようになりました。その最初に会った人は本当に人間と変わらない人です。でも、次の時には担当が変わって別の人が来ました。短期間で何度も担当が変わるのです。いろいろな宇宙人が来ました。そして最終的には、ＵＦＯに乗せられました。それは不思議な体験でした。

しかし、その宇宙人との接触と並行して、霊的な体験もどんどん強まっていきました。

出会った霊たちというのは、先ほどの電車の中にいた霊のように、生きている人間と同じに見える霊もたくさんいましたし、テレパシーではなく普通に会話した霊もたくさんいます。それから、生きている人間の背後に見えるその人の守護霊＝先祖霊とも本当に数限りなく交流しました。この子にこういうことを言ってやってくれ、ああいうことも言ってくれと、もうほとんどはお願いごとです。だから先祖というのは子孫のことを相当心配しているのだなとわかりました。

第４章 あの世とこの世の交差点

未来は決まっていない

見えない世界をどう捉えるか。どういう言葉で呼べばよいのか。霊界と呼ぶ人もいれば、「あの世」と言う人もいます。このことは霊感のある人たちが今も悩んでいる問題です。先人たちがそこのところを明確に説明しなかったからです。昔は、説明する科学もまだ追いついていなかったとも言えます。

とはいえ、すでに述べたように、最新の物理学の量子論には私は非常に疑問を感じています。以前から、見えない世界というのは要するに次元が違うので、3次元ではなく4次元だ、いや5次元だ、とんでもない11次元だよ、と、こういう言われ方が頻繁にされました。

しかし、私はずっと前から、空間が違うのではなくて、時間が違う世界なのだとずっと主張してきました。

ですから、改めてここで、見えない世界というのは、時間が違う世界であって、空間が違うのではないと明確に言いたい。それなのにアインシュタインだなんだと、空間論、

４次元論、５次元論がおしゃれで流行っていたから、それを安易に当てはめてしまって、本質が見えなくなってしまっていました。能力者というのは、ややもすれば、その時代時代の流行りの科学理論に引っ張られて説明する傾向があって、それで実際には説明を間違えるということを繰り返しているのです。その後、今度は世間から「似非《えせ》科学」と批判される、という流れが定番でした。

私たちはこの３次元の世界に生きていて、非常に狭い時間の感覚しか持てないようになっています。ですから、本来、時間というものが持つ大きなパースペクティヴに思い至らない。時間というのは、この世とあの世ではそれぞれ質がまったく違うのです。そして、我々の意識と連動しています。

「今」というのは言わば隙間です。この隙間が線路の上を移動していく。我々は言わば「隙間電車」にただ乗っているだけです。それを捉えて過去から未来へ移動していると思うのですが、実際にはこの隙間列車にただ乗って、「今」という時間が移動しているだけです。我々自身はこの「今」から一歩も外に出ていない。「隙間電車」の車体の外に出ることはないのです。

ところが、意識がこの車体の外側にはみ出して行く人たちがいます。霊能者と言われる人たちがそうです。そして霊自体もそうなのです。意識が時間から強くはみ出しています。すると、過去人である霊は未来に出て来られるし、私たち霊能者も過去や未来を垣間見ることがあります。過去・現在・未来というのは、本当は、ちょっとしたきっかけで変わってしまうものなのです。ですから非常に捉えにくいものです。とくに私たち霊能者は未来を予測してくれと要求されることが多いのですが、未来が決まっているわけではないのです。ただ、今乗っているこの「隙間電車」の外へと意識がはみ出すことによって、未来が見えることがあるというだけなのです。

私は、コロナパンデミックが始まる前年に、ある雑誌の取材で、「来年はなぜか、人々が色とりどりのマスクをして歩いている姿が見える」と言って、イラスト入りで掲載されました（写真参照）。それで「秋山はコロナパンデミックを予測した」と言う人もいましたが、いつも的中するわけではありません。未来もふわふわふわふわ動いているからです。

私はよくこういう説明の仕方をするのですが、霊的世界とこの世の接点というのは、ある程度道幅のある道路で、こちら側は人間の世界、あちら側が霊界。その境のこの道の上で、たいていの人は人間の世界に近い側に沿って歩くのですが、ときどき霊界に近

コロナパンデミックを予言したと騒がれた、私の2020年予測が載った『Sweet』特別編集「占いBOOK 2021」の記事

高性能マスクで完全ブロック!

例年以上にインフルエンザに気をつけたい2020年。パンデミックの可能性も。ウイルス防止への意識がさらに高まり、超ハイスペックマスクが浸透しそう。（秋山先生）

い側をふらふら歩く人がいるのです。この道の上のどこを歩くかというのが、その人が意識をどこに置いているか、という問題に直結していて、その違いが一番大きく作用します。ですから、量子論的な空間論ではないのです。

スウェーデンボルグ

霊界論が空間論に偏りすぎてしまった原因の1つに、スウェーデンボルグがいます。

エマヌエル・スウェーデンボルグ（1688-1772）は、近代西欧神秘主義思想の基《もと》を築いたと言えるスウェーデン王立鉱山局の元監査官で、晩年になってから著したその霊界探訪記は、多くの知識人らに多大な影響を与えました。

このスウェーデンボルグを有名にした逸話は数々あるのですが、最も有名なのは、1759年のストックホルムの大火を、ストックホルムから500キロ離れていたイエーテボリにいて、「今、ストックホルムが燃えている」と予言して、数日後、ストックホルムから届いた手紙でそれが実証されたという話が一番有名です。

スウェーデンボルグが生きた時代、一般には神様や聖霊の世界は、この世とは隔絶し

近代西欧神秘主義思想の基を築いた
エマヌエル・スウェーデンボルグ（1688－1772）

その霊界論には「功」の部分もあるが、弊害も大きかった。あまりにもキリスト教の宗教観の影響を受けすぎていた。その中で、『宇宙間の諸地球』はＵＦＯ研究者が高く評価している本である。

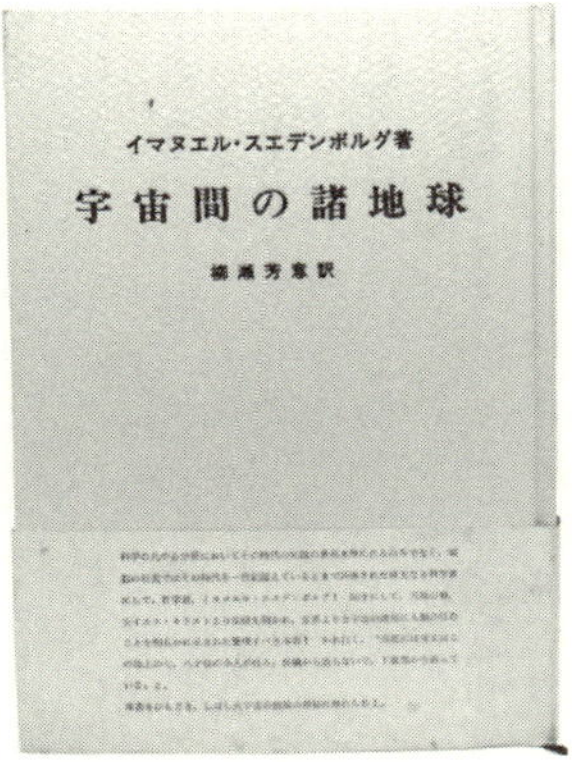

（静思社、1958年）

た世界であると信じられていました。それがローマ教会カトリックの正統な考え方で、一般の人々は神様や聖霊の世界とは交流できない。ただ自分たちローマ教会を通じてだけ、人々は神の神慮に与ることができるという思想でした。

スウェーデンボルグの故国はスウェーデンで、プロテスタントのルター派でしたが、それでもキリスト教に非常に強く影響を受けていたことは確かです。スウェーデンボルグにしても、やはりベースにはキリスト教がしっかりあって、キリスト教の教義の影響を受けている部分から完全には自由でない。つまりやはり煉獄があって、地獄があって、天国がある。霊界にはそういう階層がある、という考え方です。

ただ、スウェーデンボルグには『宇宙間の諸地球』（静思社）という著作があって、これは霊的に宇宙を旅して他の惑星の霊界を訪問している記録書です。この本はスウェーデンボルグの中で異質だと言われるのですが、UFO問題を研究している人たちは逆に、この本の存在を非常に喜んでいます。内容そのものが非常に面白く、細かい霊の描写では、明らかに霊能者でなければわからないようなことがいっぱい書かれています。霊界では、自分より強い、より自由度の高い影響圏を持っている霊の影を踏むことは許されない、という法則があると、書かれています。

じつは私自身がこれと似たような経験をしたことがあります。この世でも「３歩下がって師の影を踏まず」などと言いますが、私は霊界で、スウェーデンボルグが言っていることと同じことを実際に言われたことがあります。つまり、「そっち側に立ってはいけないよ」と。

霊界にも太陽が照っているのですが、それで当然ながら光と影の部分ができます。ただ、面白いのは、霊界では影がこの世とは逆の方向につくことがよくありました。ですから、この世とはネガとポジが反転するという現象が、あの世ではよく起きます。

それはともかく、スウェーデンボルグを見てわかるのは、当時の宗教観の影響を強く受けて、やはり非常に厳密な空間的区分けが残っていることです。彼自身がその先入観から外へ出ることができませんでした。しかしその中でも、本当によく探求された人だと思います。

スウェーデンボルグの書いた著作を読むとそう思います。彼は今で言う成功哲学のようなものの走りも書いています。ポジティブに思えばポジティブに生きられる。いろいろなものを引き寄せられるのだというような発想も、元祖はスウェーデンボルグだという人もいます。非常にたくさんのスピリチュアリストたちに後々影響を与えました。

人間の霊的自由とは何か。本来、自由なはずの人間たちが守らなければならないことは何かということを、後世に残した人だとは思います。しかし、やはり空間の階層が違うのだという発想から離脱できませんでした。

結局そのスウェーデンボルグの思想は、明治の終わりに日本にも入って来ました。そしてその影響は、その後の日本の霊能者にも強く根ざすところになりました。

このとき、日本の思想界にも、西洋的な空間論の霊界論が入ったと言えます。というのも、それ以前の江戸時代には、霊的な能力を持った人の発想の中には、階層的な空間論はなかったのです。何となく不思議な世界はあるけれど、それらはこの世の人間たちの世界と横並びに連なっていました。柳田國男（1875－1962）の『遠野物語』（1910年刊）みたいな感じです。山道を歩いていたら突然その不思議な世界に入る。縦ではなく横なのです。宇宙に引き上げられるとか、そういうことは少なかったのです。

ですから、繰り返しになりますが、霊界というものは、霊的な世界の入口をどこに置きたいかという我々の意識に左右されるのではないかと思います。

平田篤胤《あつたね》（1776－1843）に『仙境異聞』（1822年刊。別名『寅吉物語』）という神道書があります。公園で古い壺を売っている仙人みたいなお爺さんがいて、あの人何者だろうと寅吉が見ていたら、その古い壺の中に他の道具を全部、最後にパパッと入れてしまうのですが、そのあと仙人自身もスパーンと壺の中に入って壺ごと飛んで行ってしまうわけです。ＵＦＯみたいな話です。そのあと、その仙人が寅吉を見つけて、「おまえ利発な子だな」と言って、「連れてってやる」と言われて、寅吉も壺に入れられて、連れて行かれてしまいます。

この話、一見、垂直方向に見えるかもしれませんが、これも横つながりの例です。あちらの世界とこちらの世界の間に階層がないのです。本質的には水平方向の移動です。仙人系の話はすべてそうです。

ですから、例えば富士山霊界とか、〇〇霊界と呼ばれる場所は、やはり水平方向、横の地続きなのです。垂直に上に抜けてく話ではありません。

12～14世紀前後からの、キリスト教の影響を強く受けたヨーロッパのスピリチュアリストは、キリスト教の空間論の影響をもろに受けていました。ですから、その後から出て来たスウェーデンボルグにも同じことが言えて、そこが、我々がよく吟味し乗り越えるべき問題だろうと思います。

ただ先ほど挙げた『宇宙間の諸地球』では、天国や天界とは違う、宇宙にまで出ていくというわけですから、そこはスウェーデンボルグが何か非常に重要なものを摑んでいたからだとは思います。しかし、それ以外のところでは、いろいろな概念もキリスト教的に説いています。例えば「愛」の概念などです。キリスト教的なアガペーの観点で説いています。

スウェーデンボルグが言ったことで私もそれは本当だと断言できることはいくつもあります。その1つは、霊界では同じような考えの者たちが集まって暮らしていることです。正確に言うと、同じような精神的体質の者たちが集まって暮らしています。「類は友を呼ぶ」の原則が激しく働いています。やはりイスラム教の人たちはあの世でもイスラム教の人たちで固まって暮らしています。とくに宗教問題は霊界の住人の分布を偏らせます。宗教や宗派の違いだけではなく、それぞれの国や地域で好まれる思想や哲学も霊界での居住集団に影響を及ぼします。それから、病気がちの霊は病気がちの人たちと一緒にいます。

つまり、向こうへ行ったら、考えの違う人たちと喧嘩したり戦ったりしなくてよくなります。

ただ、神々が戦うという話は世界の古い神話や叙事詩にはたくさんあります。インドの叙事詩『マハーバーラタ』にもありますし、ホメロスの『イリアス』では天上で神々たちもトロイア方とギリシア方に分かれて戦います。あの時代は、霊的な世界が今より我々の身近にあって、我々人類の戦いに霊的なものが介入することが頻繁にあったのでしょう。人類って本当に愚かだな、と、大天使ミカエルが軍団に紛れて自身の剣を投げ込んでしまうとか、ゼウスが雷《いかづち》を落としたりとかです。神がリアルに真横から介入してくる話がやたらに多いです。そもそも旧約聖書の創世記の、十戒を授けられる話もそうです。やはり古い時代にはそういうことが結構あったのではないでしょうか。

なんのために「あの世」はあるのか

霊界から見た時に、この3次元の私たちの世界はとても制限された世界です。これだけ制限された世界は霊界から見たら絶対的に不自由な世界のはずです。なぜこのような不自由な世界が生まれたのでしょうか。霊界にいる者にとっては、こんな世界は必要ないのではと思われがちです。

この問いに対する答えははっきりしています。霊界にいる者たちにとってこの世界、私たちのいるこの世界は、一言で言えばトレーニングジムなのです。

完全自由存在にとって、最後の自由のフロンティアは、不自由存在から自由存在を見ることなのです。これは逆説的に聞こえますが、完全自由な存在にとって、自らが享受しているその完全なる自由を真に完全ならしめるのは、不自由不自在側から自由自在を見つめて、真の自由自在とは何かを知ることなのです。そうすることによって霊界での自分たちの世界の自由さをあらためて、あたかも初めて経験するかのように認識する。それによって、真の自由自在が完成するのです。

ですから、もっとはっきり言わなければならないのは、霊界と言われている「あの世」と、私たちが今いるこの世界、「この世」とでは、どちらが上でどちらが下という関係ではないのです。はっきり言えば、どちらも学習の場です。

この世とあの世は、2元論の2つの要素でしかありません。その資格において優劣がつけられるようなものではなく、まったくの横並び、ある意味対応物、パラレルワールドです。横軸で並び立っている2つの世界です。

それに対して、この2つの世界に垂直軸で対応しているのが「神界」です。神界は2元論を超越した世界です。光と闇、善悪を超越した世界です。ですから、霊界よりももっと自由な世界です。

ですから、私たちは、この世と太極図のようにつながっている霊的世界と交わりながら生きているのです。だから、霊と肉体は分けられないのです。

キリスト教の非常に悪いところは、霊は上位、肉は下位というイメージを我々に植えつけたことです。それが霊能者の霊界論にまで反映してしまっています。そこが問題なのです。

ですからスウェーデンボルグをつぶさに読みますと、当代一の非常に重要な霊能者としての、今の霊能者とも共通する側面がたくさんあります。そのことはスウェーデンボルグに限りません。昔、魔女裁判の時代に、魔女の裁判をやったニコラ・レミ（１５３０－１６１６）という有名な裁判官がいました。この人は『デモノラトレー（悪魔崇拝）』（１５９５年刊）という本を書いています。この本は魔女たちの主張に耳を傾けて、魔女たちの特徴をつぶさに書いた本です。そこで魔女と言われている女の人たちは、日本だったら要するに巫女《みこ》です。

このニコラ・レミの主張にも、後のスウェーデンボルグの主張と共通するものがたくさんあります。ですから元々、霊能者というのは、みんながみんな最初から好き勝手なことを主張している、思い込みだけが激しい、非科学的な人たちではないということです。これだけははっきりしています。

話を戻しますと、霊界が高尚で、この世が低俗であるとか、そういう上下関係があるわけではないということです。

もし、誰かがそういう考え方に染まってしまうと、本当の霊感が利かなくなります。霊感を一番阻害するのは、先入観と激しく偏った感情なのです。「私はこれを信じる、だからこれを認めないものを私は認めない。そのような人は本当に不愉快だ！」と、激しく偏った人たちが、きっとあなたの周りにもいるはずです。誰もが持ちうるこの偏った感情に支配され、ひいてはそれが何十年、何世紀にもわたって続く戦争や宗教同士のぶつかり合いを生み、人類の知性を長い間曇らせてきた闇を与えたと私は思っています。

ですから、やはり、本来はグラデーションのような段階的な自由を味わっていくために、不自由不自在と自由自在の間を行ったり来たりする仕組みを、ある意味、神の許可をもらって、私たち人間が作った。こんなんでどうでしょうかと、実は私たち人間が作った。そうすることで私たちは、本当の意味での完全自由自在を自覚したのです。

パーフェクトリバティーという教団がありますが、パーフェクトリバティーというのは

「完全自由」という意味です。完全なる自由自在を求めて、実は私たち自身が「あの世」と「この世」の2元システムを構築した。ここが大事なところだと思います。

「世」という漢字は、もともとは「卋」という字で、これは「十」を3つ重ねた三つ重ねという意味なのです。下に2つの「十」が並んでいて、上にもうひとつ「十」が来ています。これはまさに霊界、現実界、天界の三重構造を表わしています。ですから、よく仏教でも三千世界という世界観を唱えます。

第2章で述べたとおり、人間には背骨の周辺に先祖たちの霊が約3300年分、常に宿っています。だいたい3000年前後が1単位となって、私たちの世界観が成り立っています。その3000年をどのようにプロデュース、コーディネートするか、それは私たちの集合無意識が決めています。このことは霊的な世界にまで関わっています。

しかし、一方で、激しい思い込みを持ったまま霊的世界へ入っていくと、その者は思い込みの激しい世界にしか進めません。そういう困ったところもあります。

例えば、この世で激しくこの世界に絶望して自殺した人の霊は、霊界へ行くと、薄暗い繭のような場所にたった1人で住んでいます。それで結局、その人の先祖霊や、天使たちがその人を助けに、霊界のその場所にダイビングして入ってくるのです。しかしその人には、それがバッタにしか見えなかったり、蝶々にしか見えなかったりするのです。ですから、向こうの世界の怖さは、自由自在だからこそ、偏ったら大変なことになることです。「いやあ、私は悪いことをやりすぎた。だからきっと地獄に行くに違いない」という人は、間違いなく地獄に行くのです。「いやあ、私は少し悪いこともしたけれど、反省もしてるから、きっと私が行く煉獄の世界があるに違いない」という人は、本当に煉獄に行くのです。ですから、どの世界を選ぼうが、実際に宣言したとおり、その世界に行きます。だからこそ非常に広い、自由な信条というものが必要になってくるのです。その信条が、信じたことが愚かしくならないように、この世での不自由不自在を十分に味わいながら、バランスをとりながら幸せを求めていくのです。

この世の側にいる人間にとっては、この不自由な限定された条件の中で、なるべく自由を実現するように、みんなが幸せになれるように、実現のために努力するということが大切なことです。そのことによって自由とは何かということが深まる。

私たちはやはり自由を求めたがる存在なのです。それは元々自由だったからです。完全自由だったからです。もともとあちら側の世界にいたから完全自由を求めるし、自由が何かを生まれつき物心ついた時から知っています。みんな自由になろうとします。おそらく教育を受け始める前段階においても知っているのは自由ぐらいではないでしょうか。自由が好きだということぐらいではないでしょうか。

生まれてきた赤ちゃんは、ハイハイしてまで歩き出そうとします。ミルクがないとワーっと泣きだします。自由がいいに決まっているからです。小さい時からみんなそうです。

人の魂は輪廻転生する

人間の魂は何度も輪廻転生します。ペシミズムの人は、そんなに何度も生まれ変わりたくないよ、生きることのほうがよほどつらいよ、と思うかもしれません。だけど、輪廻転生するかどうかにも選択の自由があります。生きることにもうくたびれてしまった人には、このシステムを選ばないという選択肢もあるのです。あるいは、このシステムがつまらない、もう飽きたよ、という人には、他の惑星に生まれ変わるという選択肢があります。惑星間を跨いでの生まれ変わりがあります。

それから、第２章で分魂の可能性について言及しました。確かにそれは可能なのですが、しかし、私のこれまでの経験上、実際に1人の人間が分魂して輪廻転生することは少ないと思います。やはり1人の直霊は1人に生まれ変わる。しかし、惑星間を跨いでの輪廻転生は、それより遥かに頻繁に起きています。地球上で人口が増えたり減ったりするのは、他の惑星から地球に生まれ変わる人がいたりとか、逆にもうこの地球は嫌だから他の惑星に生まれ変わりたいという人たちがいるからです。それも間接的な理由です。地球脱出組と地球流入組がいます。

スピリチュアルの世界というか、UFOの世界では、生まれ変わって地球に来た宇宙人のことを「ワンダラー」と言います。「放浪者」です。他に、生きている人間の中に途中から同居して入り込む、憑依霊みたいな宇宙人もいるという話もあります。それは「ウォークイン」と言います。それは本当かどうかわかりませんが、「ワンダラー」は確かにいます。

惑星間を跨いでの生まれ変わりは、やはり種がかなり近くないとできません。つまり、肉体の違いによって、不自由不自在のタイプとレベルが異なるからです。同じような肉体の機能・形態を持っていないと、完全自由自在を目指すべく不自由不自在で修行するという転生の目的を遂行できないからです。したがって、私たち人間と似たような機能・形態を備えた肉体を持った生物にしか転生できません。これは自明です。以前は、「カルマの法則」などと言って、例えば、たくさん殺人を犯した人が虫に生まれ変わるとか、まことしやかに語られたものですが、そういうことは単なるお話にしかすぎません。

現在でも、新興宗教の人たちでそういうことを言う人は非常に多いです。しかし、それは間違っています。私はそんな例は1つとして見たことがありません。虫に生まれ変わった人間を見たことがありません。木に生まれ変わった人間も見たことがありません。ただし、人間の霊というのは、アメーバのようにその一部を外に表出して物にくっつけることができます。つまり生霊《いきりょう》として憑依することができるのです。物にくっついてしまった霊の一部が、あたかも意識を持っているかのように振る舞ったり、あるいは恨みのあまり念じすぎたりすると、そのアメーバのような霊の一部がブチッとちぎれて、くっついていた先に残留してしまうことがあります。そうなると生霊が勝手に残留していろいろなことを仕出かすという話になります。本体のほうの霊が死んでしまえば、ちぎれて物に残留したほうは、死霊として残ることになります。お菊人形の髪が伸びるとか、そういう話です。

第2章で説明した、霊魂の中の霊魄《れいはく》という部分が、非常に物質に近い性質のものです、アメーバの体に似ています。それがベタっとくっついてしまったものは、やはりどうしても残ります。そういう残留霊は、だいたい塩や七味、お酢、ハーブ、とくにしそ系のハーブ、バジルなどをシャシャっと振りかけると取れます。リセッシュ®なんかでもある程度は取れます。不思議なもので、お塩をかければやはり取れる。物質寄りだから、物質の影響を受けるのです。面白いです。

スウェーデンボルグの功の部分

スウェーデンボルグは、たしかにキリスト教の影響を受けた空間論を、彼の霊界論の中で展開しました。死んだ後、最初に行く霊界から、さらに上の神界の入口を少し通って、あちらも少し見たというようなことも書いています。その書き方は、まるで私たちがこの3次元の空間で意識しているような空間把握のように感じられます。ですから、本当は正確なものではありません。正確なものではないのですが、逆に言えば、スウェーデンボルグのいいところは、私たちにそのような形で、神々の天界にしろ、私たちの世界からでもイメージできるものとして、私たちが理解できるようなリアリティで書き残したことです。実際、私たちはあの世で、この世と同じようなものを目にするのです。それは死んであの世に入った私たちが、なんでも自分が思った物を瞬時に作りだすことができるからです。

私は一度、この世ではスクーターと呼ばれているものに非常に近い乗り物に乗っている人を霊界で見たことがあります。スクーターにすごく近いのですが、しかし、それには車輪がついていませんでした。我々の世界に非常に近いのです、しかし、近いけれどまったく同じではない。ＩＢＭのパソコンに似たものも見たことがありますが、ロゴマークが現世のＩＢＭとはちょっと違いました。似ているのです。どちらが先かわかりません。こちらでＩＢＭに強いこだわりを持っていた人が亡くなって、あちらへ行って、似たようなものを念じて作り出している、と考えることもできますが、案外、逆かもしれません。ひょっとすると向こうが先で、こちらの世界はただその影響を受けているのかもしれないのです。

私はむしろ、その可能性のほうが高いと思います。

あの世とこの世の交差点

50年に1度ぐらいの間隔で、霊的な世界は激しくこちら側の世界に介入します。50年から70年にいっぺんぐらいの周期で、霊的世界とこちらの世界は激しく交わる時期と、地球とお月さまのように激しく離れる時期を繰り返します。それを呼吸のように繰り返しているように思います。私の感覚では、それは72年の周期で、変化の兆候はその12〜13年ぐらい前から始まるように思います。だから2024年の現在は、第2次大戦後、霊的世界とこちらの世界が激しくくっついた後、少し離れつつある時期です。ですから昔ほど霊的世界のリアリティは私たちの側で強くありません。

こういう時期は、逆に合理や、物質的なもの、言わば客観的に測れるものしか信じなくなります。お金とか、物量の世界、極めて数量的、物質的なものの価値観に私たちの意識が偏っている時期だと思います。ですから、C・G・ユング（1875-1961）も似たようなことを言っていますが、そういう時代が続いた後にはまた、霊的なもの、見えないものに近づく時代がやがて来るでしょう。

あの世とこの世が交わる交差点のようなものがあります。よくテレビなどでもやっていますが、この世が霊界と交わる接触ポイントみたいなところです。

しかし、地球と霊界との接点というのも、そう単純な話ではありません。

まず、地球にも霊魄があるからです。そこでは物質寄りの霊的な力が働いています。ですから、そういう場所をよく磁場とか、バイブス、あるいは「気」と呼ぶのです。そして、能力者がよく「ここは磁場を感じます」という言い方をします。しかし、それは別に、磁力がへんてこりんになっているわけではありません。いわゆるパワースポットとか、その手のものです。そういうスポットは本当に各所に点在しています。

そして、そういう場所には傾向として、霊道と呼ばれる道が通っています。イギリスなどでは「レイライン（ley line）」と言います。「レイライン」の「レイ」は「妖精の鎖」という意味で、決して「霊」とは関係ありませんが、奇しくも音が同じ「れい」なのは偶然ですが面白いです。

レイラインは、この世的な世界とあの世的な世界がそこでつながっている直線と考えられています。そのつながり方には5つの種類があると言います。それは、火水木金土の5つのシンボルに象徴されます。火の質、水の質、木の質、金の質、土の質という5つの種類の網目があると言われます。これは一種の霊魄です。霊魄に5つの種類があって、それがこの世とあの世のつながりを実現させているのです。

このように、この世とあの世の間の交わりを保証するさまざまな設え、建付けがあって、それがどういうものなのかを感じながら理解しないといけません。だから霊能者というのは、ある程度経験を積むと、たいていやたらと旅行に引っ張りだされるのです。旅に連れ出される。まずはあの神社へ行き、次はこの神社へ行く。霊能者たちの卵はみんな楽しそうに旅行しています。ここの神社に引っ張られ、あそこのお寺にも引っ張られ、と、そんな話で盛んに盛り上がっています。「いいですね、頑張りなさいよ」と私なんか励ましてやります。私も若い時はもちろん、社会人になってからもいろいろな場所に引っ張りだされました。

行く先々で、それぞれレイラインがあります。同じレイラインではありません。火水木金土、それぞれの種類の違うレイラインに出会います。ある場所では、火のレイラインと水のレイラインが交わっています。別の場所では金のレイラインと土のレイラインが交わっています。あちこちを旅して、さまざまなパワースポットを見ることによって、火と水が交わるとこういう質になるのだなとか、金と土の交わりではこういう質になるのだな、ということがわかってきます。ここは３本交わっているなとか、最初はただの点にしか見えなかったものがだんだん線に見えてきたりするのです。

すると、それがさらに高度になってくると、ああここはそういう交わりが３本ぐらいあって、非常に濃くなっている。やがてここに時間の穴が空くなということがわかってきます。それは何日後の夜の何時頃だとか、昼の何時頃だということまでわかってくるのです。そしてその時間にお祈りしていると、プーンとかすかな音がして、急に何か霊的なものが降りてきたり、ＵＦＯを見たりします。不思議な体験をする。霊感を受けることもある。おそらく、そういうものをうまく社会に取り入れるのが祭りという仕組みだったのだと思います。たくさんの人たちと一緒にそういう場所で、そういう時間を過ごす。それによって霊的な力の恩恵を受ける。つまり元気になったり、新しいひらめきがあったり、運が良くなったりする。ご利益がある。と、こういうわけです。

ですから、場所の質というのは面白いものです。西洋ではそういう場所はだいたい「グロッタ（洞窟）」と呼ばれていました。グロテスクの語源の言葉です。グロッタ、洞窟というのは龍が住んでいた非常に怖い場所というイメージもありますが、神々がそこから現れてくるというイメージもあります。ルルドの奇跡のルルドもグロッタです。

これが日本の神話や昔話になると、洞窟というより、ネズミが住んでいる穴みたいな話になります。龍が住んでいる洞穴ではなく、おむすびが転がって行って落ちてしまう穴になる。そこに入ってみると、ネズミが高度な文明世界を築いていた、みたいな話になります。

西欧にも、穴の中に神々の世界がある。妖精の世界があるという話もあります。北欧のトロール伝説の中にも見受けられます。穴に住んでいる妖精の世界があります。日本の「おむすびころりん」のような話と、北欧のトロール伝説は同系統のものです。やはり穴なのです。穴がこの世とあの世、あるいは見えない世界とをつないでいます。

水木しげるで有名になった「ぬりかべ」という妖怪がいます。あれは、経験者たちの実際の体験談を記した文献をつぶさに読むと、典型的な例はこういう感じです。

ある時、ある場所を歩いていたら、いきなり四方を壁に囲まれたような、まったく見晴らしがきかない部屋の中にいるような状態になるのです。その状態になってしばらく過ごして、一体これは何なのだ、と思っているうちに、いつのまにか元の世界に帰ってくる。この現象を「塗り壁に化かされた」と表現したらしいのです。

実は、東京都内では駒沢公園でこの種の体験談が多いです。そういう世界に紛れ込んでしまったという話がよくあります。駒沢公園のベンチに座ってぼんやりしていたら、四方を壁に囲まれた世界に入ってしまって、いつのまにかまた戻ってきたんだよ、という話です。この種の話をどう考えたらいいかと言うと、これは、そういう不思議な、時間の違うスポットにちょっとだけ入り込んだのだが、そこからさらに発展させられるだけの霊的なコンセントをその人が持っていなかった、と、こういうことだと思います。

ちなみに駒沢公園には不思議な話が他にもあります。一度、大きな古木が地面から下の部分だけ真っ赤に焼けて炭化して、地面から出ている部分はなんともなくて、ただそれがすぱっと切られてひっくり返っていたという事件がありました。超常現象反対派の某教授は、この現象を、地中でプラズマが発生したんだ、と説明したのですが、本当にそうでしょうか。駒沢公園では、この種の、激しい帯電が起きたりという不思議な現象がよく起きます。なぜでしょうか。

吉祥寺の井の頭公園にも不思議な話はいろいろあります。だいたい池のあるところはそういう話が多いです。上野の不忍の池もそうです。あそこには穴そのものを祀る、穴稲荷神社もあります。非常に面白いと思います。

第5章　科学の時代の霊界論

科学の時代に寄り添ったブラヴァツキー

スウェーデンボルグという人は、18世紀の後半、1772年に亡くなりました。その後19世紀の中庸ぐらいから出てきたのがヘレナ・P・ブラヴァツキー（1831－1891）です。

ドイツ系の父とロシア系の母のもとに現在のウクライナに生まれたブラヴァツキーは、謎に満ちた前半生を送ったあと、1873年にアメリカに渡り、その2年後、神智学協会を設立します。

ブラヴァツキーは、スウェーデンボルグと並び、近代スピリチュアリズムの1800年以降の流れに大きな影響を与えた人です。彼女の場合、現在にまで続くいろいろな精神世界にもろに影響力があったと言える人で、それでいて、精神世界の人々はそれがブラヴァツキーの影響だとは微塵も思っていない、という不思議な状況が一方であります。

ですから、ここでブラヴァツキーのことを取り上げておく意味があります。

今言ったように、ブラヴァツキーは非常に重要な役割を果たした人です。プラスの面でどんな重要な役割を果たしたかというと、日本の禅の教えを世界に広めるのにたいへん貢献したということがあります。これは最近の研究でわかったことなのですが、鈴木大拙（１８７０－１９６６）の教えが海外に広がる時に、手助けしたのが、ブラヴァツキーがオルコット大佐らとともに創始した神智学協会の人たちでした。

そこからわかるように、ブラヴァツキーの考えは仏教と非常に親和性があります。ブラヴァツキーの思想は、西欧から見た東洋主義・インド主義です。

ヘンリー・スティール・オルコット大佐（１８３２－１９０７）もブラヴァツキーも、盛んにアジアを旅して歩いています。ブラヴァツキーがしたためたといわれる書物は、実際にはオルコット大佐が編集をしたのでしょう。彼女が面白いのは、自身、非常に有能な霊媒だったブラヴァツキーが、それだけではなく、周囲の学究肌の人たちと共闘して徒党を組んだ点です。１８７５年に設立された神智学運動に傾倒していった人々は学者肌の人が多かったのです。

ブラヴァツキーはたしかに優秀な霊能者だったと思います。しかし、優秀な霊能者とはいえ、やはりその時代時代の影響を受けます。逆に言えば、その時代が信じ込んでしまった偏った考えを知らず知らずのうちに広めてしまう役割も負うのです。これはスウェーデンボルグにもあったことですが、ブラヴァツキーも同じでした。

本来なら、有名になる霊能者の重要な役割の1つは、その時代時代におけるスピリチュアリズムの偏りを矯正する役割だろうと思うのです。ですが、その時代時代に受け入れてもらわなければ、誰にも話を聞いてもらえませんから、どうしても偏りを是正するのではなく、反対に偏りに加担してしまうという間違いを犯しがちなのです。その時代が偏って信じていることに抗して、本当のことを暴き立てるとある種のトラウマに触れてしまいそうになり、逆に隠蔽しては寄り添ってしまう。ですから、ブラヴァツキーもその傾向があったと言わざるをえません。

ブラヴァツキーの時代は、科学が本格的に世界を席巻した時代です。私から言わせれば、科学という1つの宗教が席巻し始めた時代です。1つの定説が50年もたないのですから、科学は宗教です。悪く言えば「歩く嘘つき」です。ずっと残っているのはニュートンの運動方程式ぐらいです。それだって300年ぐらいしか時間は経っていないのですから何をか言わんやです。この300年の間に、科学が主張してきたことは、世紀ごとに全然違ったことを主張してきました。前に主張していたことと真逆のことを主張したりなんてことは日常茶飯事です。科学が一直線に進化してきたなんて、噴飯ものの考

近代スピリチュアリズムの流れに大きな影響を与えたヘレナ・P・ブラヴァツキー（1831－1891）

インド・ヨガの「7つのチャクラ」はブラヴァツキーの発明

1888年、神智学協会のオルコット大佐と一緒に写るブラヴァツキー

えです。

ブラヴァツキーはこの科学の時代に寄り添いました。18世紀末、イギリスで産業革命が起き、機械文明主義へと移っていく、そういう科学の流れに寄り添いました。彼女は、社会論とか文明論とか、インテリに寄り添うだけの度量があった霊媒なのです。

普通、霊能者というのはインテリ嫌いです。霊能者は、目の前にいるインテリがどれぐらい馬鹿な合理主義で物事を斬ろうとしているか、瞬時に見抜きます。こいつには、いくら説明してもわからないな、が瞬時にわかるのです。そうすると、最初から話す気を失います。霊能者の中ではだいたい原因と結果が反転しています。パッと会った瞬間に、理由はわからないのですが、結果がわかるという困った性質があります。私も昔は、初対面の人に会った瞬間に、「ああ、こいつとは22分後ぐらいに殴り合いの喧嘩になる」と思ったので、最初に殴ってしまったことがあります。笑い話です。

ですから、そういう意味でも能力者というのは大変なのですが、ブラヴァツキーはその点、当時のインテリたちと比較的うまく付き合いました。ブラヴァツキーは当時の産業革命的な科学の原動力に寄り添いながら、非常に面白い話をたくさん書いています。

インドヨガの「7つのチャクラ」はブラヴァツキーの発明品

ブラヴァツキーによると、人間の体の中をシステマチックに流れる霊的要素があり、それは7つの中継点を経由するので、それを「セブン・チャクラ」と言います。これは古い時代からの教えだと、ブラヴァツキーは言うのですが、実際は「セブン・チャクラ」はブラヴァツキーの発明品で、それが逆にインドヨガに逆輸入されて、影響を与えたというのが真相です。今のヨガの人たちは、古くから7つのチャクラがあってという説明を必ずしますが、実際、そんな説明はブラヴァツキー以前はなかったのです。元々のインドには存在しません。ツボという考え方はありましたが、7つのチャクラはなかった。ツボというのは、もともと体中にあるネットワークです。地球を包み込むレイラインのネットワークのように、人間の体の表皮には、系統だった霊的要素の通り道のネットワークの交点が360〜365個あります。

ちょうど1年の日数に近い数あります。おそらく、1日1日と体の部分部分が呼応し合っているのでしょう。私たちの体は、地球とたぶん同じ構造なのです。そこが面白いところなのですが、ブラヴァツキーはそれを7つのチャクラにまとめ上げてしまいました。それはブラヴァツキーの功績で、一定の修行をして自分の能力を向上させたい、霊的に向上したいという人にとっては、わかりやすい目安を残しました。しかし、本来、私たちの体にはもっとたくさんの霊的なポイントがあるのに、それには言及しないというところが、ブラヴァツキーの非常に独特な偏りでした。

それから、晩年になると、ブラヴァツキーも、自分たちはその他の霊能者や霊的な指導者たちとは違うのだと、理論武装をし始めます。これはどこの国のどんな宗教団体でも最終的にはだんだんそうなっていきます。違いを際立たせようとしてさらに偏った主張をするようになっていきました。

ただ先ほども言ったとおり、ブラヴァツキーは、どこかで日本好きだったのだと思います。だから神智学の人たちは、鈴木大拙を含め、日本の仏教的なものを盛んに取り入れようとしました。日本の仏教の古い流れの研究者たちはそのことを知っていましたから、逆に日本では神智学があまり叩かれなかったのです。

元々神智学の影響を受けてそこから自立したのが、ルドルフ・シュタイナー（1861－1925）の人智学です。こちらのほうはかなり複雑怪奇なところまで行きます。

昔、私が「複雑怪奇」と言ったら、シュタイナー主義者の人たちにすごくお叱りを受けましたが、実際たしかに「複雑怪奇」です。しかし、このシュタイナーイズムは日本の文部省教育にずいぶんと影響を与えたのです。その1つがヒヤシンスの球根栽培です。あれはもともと、ガラス張りのケースで植物の成長を眺め続けると、眺めている人間が霊的に進化するというシュタイナーの教えでした。しかし、植物などの生命力と、人間の生命力が呼応しあって影響を受けるというのは、ブラヴァツキーの段階からそういう発想があって、その意味では間接的なブラヴァツキーの影響だということもできるかもしれません。

霊的進化論は間違い

ブラヴァツキーは霊的進化論というのを主張します。それは簡単に言うと、霊的に進化したものは肉体を持たない、という考え方です。霊的に純粋な存在になると、必然的に物質を超越する。

これは逆に言うと、肉体を持っているものは霊的に劣っているのだという考え方です。

現在のこの世のほうがレベルが低くて、あの世のほうがレベルが高いという考え方で、この考えは完全に間違っています

肉体も霊も平等。地続きなのです。どちらを欠いてもいけないのです。ですから、私たちは、まずこのような肉体を持った意味をきちんと思い出しながら、この世のトレーニングは面白いと思えなければいけません。我々はこの世で不自由不自在のさまざまなパターンを常に見つめて生きています。それは何のためか。完全なる自由を直霊としての私たち自身が身の内に見いだすためなのです。完全なる自由。それが究極の目的です。メタフリーとも言います。

ですから、今我々が肉体を持って考える自由は、まだまだ不自由不自在なのは当然として、霊的な存在の人たちが言う自由も、真の完全自由自在から見たら、まだまだ自由度が足りません。この世での修行と、あの世での修行。それはどちらも平等な戦い、平等なトレーニングです。

あの世で私たちはこの3次元と同じ肉体を持ちません。光の球のようになります。でも、地球での意識が残っている人には、自分では肉体を持っているように見えるのです。だから霊界に行った彼らは、結局この世への関心をずっと持ち続けるのです。不自由

不自在でやっている連中はすごいよなあ、気高いよなあ、感動するよなあと、そういう讃嘆の気持ちで見ています。決して、この世の修行をしている人たちを馬鹿になどしていません。

ですから、進化という言葉に罠があると思います。「深化」ならいいです。でも「進化」だと、進む先が気高くて、崇高で、レベルが高いのだという暗黙の前提があります。それは違うのです。私たちはみな、あの世でもこの世でも、自由が拡大するためのトレーニングをしているのです。その修行がうまく行き、自由の範囲が広くなればなるほど、私たちは神という存在に近づく。もしも神と言われるまでに自由自在になれれば、同時に多重多層世界に存在できるようになります。それができるのは神しかありません。

神智学が広めたレムリア大陸

ブラヴァツキーの考えでもう1つ面白いのは、例のレムリア大陸があります。レムリア大陸とかアトランティス大陸とかの原始大文明があったのに、それが一旦堕落して滅亡してしまった。私たちは、そういう超古代から続く進化の過程を歩いている途中なのだというのは、実は神智学の考え方なのです。これはのちの「20世紀最大の予言者」と言われたエドガー・ケイシー（1877－1945）にまで影響を与えた考えです。

私は、この超古代文明は確かに存在したと思います。ですから、この点ブラヴァツキーたちは正しかった。現在の超常現象否定派の科学者たちは、アトランティスはなかったとか、レムリアなんて嘘っぱちだ、ムー大陸なんてあり得ないと、すぐに言います。そんなの似非《えせ》科学だ、と。私はそんなことはないと思います。

あの世でのお洒落

あの世で私たちは光の球になりますが、地球での意識が残っていると、自分では肉体を持っているように感じると、先ほど言いました。

その他に、もうひとつ、あの世でもいろいろな形姿をとるのには、お洒落としての意味もあります。たしかに羽を持っている天使がいるのです。私も何度も見ました。

でもキリスト教の天使が羽を生やしたのは、実は十字軍がエジプトへ行って、エジプトの神々が羽を生やしているのを見てびっくりしたことに由来するのです。その影響を受けて、キリスト教の天使たちも羽を生やし始めたのです。ファッションとして。

しかし、ファッションアクセサリーにはいろいろと意味があります。霊的なシンボルとしての意味もあります。だから羽ではなく、鳥のくちばしのようなものを生やした姿で現れる霊もいます。それにも意味があるのです。本当に我々が何か意味を持ってファッションをまとうのと一緒なのです。その一番の動機は、自分を知ってもらいたいということです。

手がいっぱいある姿で現れる霊もいます。それぞれの手にたくさんの道具を持っています。あるいは、顔が3面も4面もあって、それがくるくる変わるような霊を見たこともあります。仏像の十一面千手観音やブラフマンというのは、そういう霊の姿を捉えて仏像として製作されたものです。

あるいは、仏教で悟りを開いた人が蓮の花の上に乗るのは、平らな丸いUFOみたいなものに乗って出てくる霊が多いことを想起させます。法輪のようなものに乗っかって出てくる聖人は多いです。中世イタリアの聖フランチェスコ（1182-1226）は、よく光の輪を召集して、それに乗ってさまざまなところへ行ったという伝承があります。こういうのも一種のファッションアイテムと捉えることができます。

量子論の次元

単純に3次元の世界ですと、例えばここにある缶コーヒーの缶の背後にある物体は、この缶が前にあることによって見えなくなります。しかし、当然、次元が上がって4次元になると、この背後が見えるわけです。リサ・ランドール（1962－　）さんという理論物理学者が盛んに異次元論の本を書いています。私たち3次元の世界にいる人間は、3次元の世界を2次元に投影して、たとえば絵画や映像として見ることができます。それと同じように4次元を3次元に投影すれば、今ここに缶コーヒーの缶があっても、その背後が見える、そこまではわかります。リサ・ランドールさんは、3次元世界の影が2次元になるように、4次元世界の影は3次元になる、だから、4次元世界のものは3次元世界では奥行きをもった立体物として、まるで幽霊のように浮上して現れたり消えたりするという説明をします。

ここまでは普通の人でも理解できます。しかし、実感をもって理解できるように感じられるのはここまでです。4次元から5次元の先はどう理解していったらいいかわからない。イメージすることができません。

ということは、２次元－３次元の関係性でもって４次元世界を想像することも、実はある種のとらわれなのです。ランドールさんはそこのところがわかっていない。２次元－３次元の関係性で４次元世界を想像することははっきり言って間違いなのです。

この同じ作業を11次元まで繰り返していけば、霊界になるだとか、そういう間違いが出て来る元凶が、この考え方だったと言ってもいい。結局、イメージとしては何も理解できないまま、こういう言葉だけの空間論を唱えた人たちがたくさんいます。宗教団体の場合、それでもしがみついてただ信じるだけでしょうが、そういう理解では一歩も外へ広がっていけないのです。私たちを本当の意味で自由にしてくれない。逆に不自由にしているのです。

ブラヴァツキーの評価

ですから、ブラヴァツキーという人は、いろいろいい面もあったけれど、害悪の面も大きかったと評価せざるを得ません。

私は別に、スウェーデンボルグにしろブラヴァツキーにしろ、彼らを低く貶める気持ちは毛頭ありません。ただ、先ほどから何度も言うように、彼らにも偏りはあったということです。

逆に彼らの信奉者、スウェーデンボルグ主義者、ブラヴァツキー主義者の人たちに、彼らにもそういう偏りがあったということを、もう少し見てもらいたいなと思います。そうしないと、彼らの霊が救われないと思うのです。自分が主張したことを素直に信じてくれた後代の人たちの魂が救われることは、スウェーデンボルグの願いでもあるだろうし、ブラヴァツキーの願いでもあると思います。彼らが戦った論点は、その時代のさまざまな概念でしか説明できない制約がありました。彼らは彼らなりのやり方でよく戦いましたが、やはりまだまだその外の、我々のこの世界の外の自由自在があって、私たちはそちらを求めなければならないのだ、ということです。

スウェーデンボルグは自らを科学者と霊能者の間に置いて、当時のいろいろな事物・現象を説明しようとしました。そのためにいろいろな奇跡を起こしつつ、学術的な成果も出しました。そしてブラヴァツキーも、一方的に感情論と霊能を混在させたような、喚き散らすような霊能者ではなくて、多くの科学者を味方につけられた。そしてそういう人たちが、その時代の心でわかりやすいような論理に霊的世界を落とし込んで上手に説明していきました。ここは大きな功績だと思うのです。ただそれぞれ当然偏りがあった。

そして、その時代においては有効だったことも、時代が移ると妥当しなくなりました。これは科学が時代の変遷とともに、それまでの常識と価値観がひっくり返ってしまうことと似ています。今の科学はエビデンス、エビデンスと言いますが、今のエビデンスなんて100年前の科学のエビデンスと比較したら真逆だったりします。逆に昔の科学のほうが優秀だったことが後でわかったこともたくさんあります。

例えば東洋医学のことを、合理主義の西洋医学はずっと批判してきました。でも各臓器がさまざまな物質を出し合ってコミュニケーションをとり合っている、ということが最近わかってきたりして、東洋医学で言われていたことのほうが真理だと訂正されてきたことも多くあります。だからこそ、一見、成分的には体に効くとは思えない漢方が、意外とある種の人たちにとっては超効いたりするわけです。

ですからスウェーデンボルグもその時代を生きた能力者、ブラヴァツキーもその時代を生きた能力者として捉えるべきなのでしょう。しかしそれを現代に引っ張ってきて、絶対的にブラヴァツキーだ、絶対的にスウェーデンボルグだ。一言一句それと違ったら偽物なんだ、インチキなんだ、敵なんだと考えるとしたら、それは大変危険であって、有害性があると思います。

AIと霊能者

現代の科学の進歩で、例えば今日本にいながらも、単にニューヨークでのテレビ会議に出席できるというだけでなく、ホログラムのようにそこにあたかもいるかのように会議に臨席できるとか、それこそ「ユビキタス」という言葉がありますが、あっちこっちに存在できるというようなことが可能になりつつあります。

これらは、科学の進歩として素直に、人間の努力の結果としての自由の拡大と捉えていいと思います。

よく霊的な方面を考える人たちはＡＩは危険だという言い方をします。私はそうは思いません。ただし、ＡＩがそこまでのことを本当に達成したのかどうか。そこには疑問があります。ＡＩがこの50年で、本当に人間を変えたと言えるのか。ＡＩが人間の能力を凌駕する「シンギュラリティ」というのが話題になっていますが、本当にＡＩが私たちの生業や活動のほとんどを奪ったか。奪っていないですよね。ごく一部です。毎年毎年、もうすぐ人間のする仕事はなくなりますと恐怖を煽られていますが、その気配が本当にあるでしょうか。ファミレスでもロボットが食事を届けてくれます、厨房もロボットが調理しています。といっても、それはごく一部のチェーン店の話です。ペットロボットが生きている犬以上の癒しを与えてくれます、といっても、本当にそうなっているでしょうか。私はそうなっていないと思います。大部分は変わってない。昔のままとは言わないまでも、決定的な違いには至っていません。ホログラムでニューヨークの会議に臨席しているように見えても、その場に本当にいるわけではありません。

これは逆に言えば、スウェーデンボルグの問題点と、ブラヴァツキーの問題点と同じぐらい、ＡＩにも問題点がある、ということです。

むしろ、ＡＩが神になる、みたいなことを吹聴して、株価を上げているだけの人たちがいる。極端な話、そういう人たちがめいっぱいホラ話をでっち上げて、経済に影響を与えてきたというのが真実です。最近は、彼らのホラ話がそれほど影響を与えなくなってきました。すると、今度は、ＧＡＦＡは問題だと、経済界がＧＡＦＡを見放し始めてきました。

ですから、逆に言えば、ＡＩの技術の期待値はそれほどのものではないのです。もっとゆっくり見守るのが、彼らの実質的な真価にふさわしい対応のしかたですし、便利さという欲望だけでＡＩに過剰な期待をかけないこともすごく重要なのです。

インターネットはたしかにこれだけ便利なコミュニケーション手段を生みました。しかし、これは聖書のヨハネの黙示録に予言された通りになっただけです。

泣くな。見よ、ユダ族から出た獅子、ダビデの若枝が勝利を得たので七つの封印を解く。

（黙示録５－５）

ユダヤ人の末裔たちが、コンピュータの交信システムを作り、七つの海を自由に行き来できる情報網を作った。私はそう解釈しています。まさに予言通りです。

まあそうなったのですが、逆照射して見てみれば、世界中をネットの悪口でいっぱいにしたとも言えるのです。ハンドルネームで人々を傷つけるのは平気だという、獣の群れを生んだとも言えるのです。恐ろしい時代です。それがさらにスマホという通信機器と連動して、とうとう社会の分断にＡＩを使って成功しました。

現れたものは、全然夢の世界ではありませんでした。情報はここまで身軽になりました。私が講演で何かを言う。たまたま目の前で聞いていた若い子たちは、私が今言ったことをすぐその場でスマホで調べます。スマホの情報は、厳密に言えば6割は本当ではありません。それなのに、今目の前で話している人のその情報の真偽を確かめようとして、6割間違っている情報源に問い合わせて、検証しようとするのです。本当に恐ろしい時代になりました。

そんなことを大学院でやったら大変です。そんな習慣は今すぐやめなさいと教授たちから言われるでしょう。お前、馬鹿になるぞ、と注意されるでしょう。

いつの時代にもそれぞれの時代性というのがあるのです。ですから、それぞれの時代に課せられた偏りや制約を忘れないで、その上でＡＩを使うのならば、まだ誰も考えていない有効な使い方も見つかるかもしれません。例えば、ＡＩを使って世界中の予言を収集したデータベースを作り、それを解析したら、何か重要なものが出てくるかもしれません。霊能者の感じている世界観が、まだ見ぬ新しい科学の発明発見に影響を与えている、などということだって、あり得るかもしれません。やるのだったら、そういう研究こそを本格的にやるべきだと私は思うのです。ＡＩというのは、霊能者の感覚とうまく連動した場合に、非常に重要な装置になると思います。少なくともその可能性がある。世界を変えるようなことができる可能性だってあると思っています。そういう意味では嘘つきではないＡＩの人たちと、霊能者は健全に仲良くすべきではないかと思います。

この限られた３次元の自由の中で、人間は何を目指すべきなのでしょうか。

人間という存在は、常に新しい不自由不自在を発明しています。でも、それを問題解決する方途も発明しています。その割合は私からみたら、２対３ぐらいの割合です。つまり、不自由不自在を２つ、新たに作り出したら、それを解決する方法を３つ作りだしている。自由自在にする方途のほうが３で、少しだけ勝っているから、うまくこの世は持っています。我々の体も実はそうなのです。細胞はアポトーシスでどんどん死んでいきます。しかし同時に、新たな細胞を常時生み出している。この生み出す細胞のほうがちょっと勝っているから、私たちはここに存在している。

そうやって考えると、この体も半年でまったく新しくなってしまうのですから、肉体が存在しているということはそもそもどういうことなのか。そもそも、細胞というものは、それぞれが2つに細胞分裂することしか知らないのに、あるものは爪になり、あるものは目の玉になって、あるものは黒子《ほくろ》になる。これは一体どういうことなのか。

もしも、目の存在しない生物が目を進化させたとしたら、その目の情報はどこから来たのか。こういう根本的な疑問はあります。こういう、肉体にまつわる神秘の仕組みを真剣に考えると、何事にも霊的世界の影が差し、肉体世界の影も差し、その2つが相互に影響し合ったものがここに存在しているのだ、と言って過言ではないと思います。

第6章 あの世からはこの世の全てはこう見える《前編》

未来は決まっていることと決まっていないことが同居している

第6章と第7章の章タイトルは、本書のタイトルと同じ「あの世からはこの世の全てはこう見える」です。これまでの章は、あの世とこの世にまつわる基本的なことを書きましたが、この章はいよいよ、あの世とこの世の交流、その影響関係についての話になります。

まずその大前提として、第4章でも取り上げましたが、そもそも未来というのは決まっているものではないのか、という問題があります。この話はたいへん重要なので、もう一度深掘りしておきます。

未来は、決まっていることと、決まっていないことが同居しています。これは要するに量子論的な問題なのです。この世は2元論のそれぞれの要素が交わることがない世界だとずっと言われていたのですが、見えない世界では2元論の2つの要素が交わることがたくさんあります。それが量子論的世界ということで、過去と未来がその奥でくっついています。ウロボロスの蛇のように。

ここが多くの人たちが今までの霊界論で理解できなかったところなのです。ですから、私はどう説明したらいいか、長いこと、ものすごく悩んできました。私自身が、15歳で見えない世界との接触を経験し、それから、さまざまな体験を通じて時空を超えた意思というものの存在を知って以来、それをどう説明すればわかってもらえるのか、本当に悩みました。

私たちが今生きているこの世界は、私たちが信じている時間の秩序、空間の秩序で成り立っています。しかし、それらが外側に行けば行くほど、成り立たなくなります。そして一番の外側では時間空間的なものはまったく存在しなくなります。まずこのことを受け入れられないと、神様の世界や霊的な世界はよくわからなくなってしまいます。

だから今までも、なんとかわかりやすくなるようにと、歴史上の有名人たちもいろいろ考えました。ですから、あえてこういう言い方をすると、例えばスウェーデンボルグはキリスト教の見方を踏襲した霊界観「スウェーデンボルグ・ファクター」を創り出した。スウェーデンボルグはそう信じているからそう見えるわけです。そう感じるわけです。それを多くの人たちが受容しました。

そしてブラヴァツキーはブラヴァツキーで、近代精神世界ではこの100年、「ブラヴァッキー・ファクター」と呼びうる、ブラヴァッキー独特の見方を集大成しました。そこにはアトランティス大陸とか、レムリア大陸とかの超古代文明論までが視野に収められていて、それは20世紀最強の霊能者と言われたエドガー・ケイシーでさえ、その影響を受けたのです。それぐらい、ブラヴァッキー・ファクターの影響力は大きかった。

ですから、そういったいくつものファクターがすでに入っているので、やはり私たちはわからなくなるのです。

ですが、本当のところ、未来というのはやはり、すでに決まっていることと、まだ決まっていないこととが同居しているのです。決まっていると信じた人にとっては決まっているのです。それでほとんどの人たちは安全性を選ぶので、決まっていると考えます。先祖から踏襲した「未来は決まっている、変えられないのだ」という考え方が染みついています。そうすると過去に繰り返されて、安全だと思われている、物質的にわかりやすい、みんなが共有できる範囲内の世界で未来を構築しようとします。だから決まってしまうのです。

そして過去の因縁のまま。過去のカルマの繰り返しのまま、生まれた時からの台本で生きるようになるのです。

そこで幸、不幸が訪れます。問題はそこで出てくる不幸です。これは確率論ですから、幸、不幸は人生の中で誰にも平等に訪れます。しかし、刀は冷たくしたり熱く焼き入れしたりすると硬くなりますが、人間は幸、不幸の行ったり来たりで心が壊れていってしまいます。ですからやはりカルマは恐ろしいと釈迦は感じたわけです。キリストはそういったものを愛《め》で凌駕しろと説いたわけです。C・G・ユングはすべての問題を、「愛情は凌駕する」と語ったわけです。やはり超越、それを超えるということを、多くの先人、霊覚者たちは考えようとしました。

ところが、決まっていない未来の側を考えると、最近のスピリチュアリズムでは、やはり近代科学の影響を受けて、量子論的なものの見方もある程度理解されてきました。それはアニメや小説やSFの中で流布されています。そうなると今度は、それを受け入れる若者たちの中では、未来は最初から何も決まっていないのだから、私たちは100%自由なんだと、信じる人が増えています。しかし、大切なことを忘れています。自由であるということは、あなたは、方位で言えば360度、どこへ行ってもいいのだけれど、どこへ向かって歩み出すかは、自分で決めなければいけない、ということです。100%自由であるということは、己を良しとして、己のこの選択は正しいと信じて、一歩踏み出すことを自己責任でやらなければいけないことなのですよ、ということを理解していません。そうするとこの自由な選択というのを逆手にとって、気持ちいいところにずっと憑依霊のように留まろうとするのです。

ですから、私が最近受ける質問で多いのは、「自分にはきっと天命があるはずだ。霊的に決まった先祖のお告げがあるはずだ。しかし、それが何なのかがわからない。だからどうしていいかわからないから、秋山先生、私の天命を教えてください」という質問なのです。

私に言わせれば、「そんな愚かな質問をするのはやめなさいな。はっきり言って自分自身に対して無礼だ。ご自身に対して無礼なのです。あなたは自分に天命があることだけはわかっていると言う。天命があることがわかっていると言うのなら、できることから何でもがむしゃらにやってみなさい。天命があなたを導いてくれるはずだから。回り道や一見無駄に見えるような体験も、すべて天命に到達するための修行のはずです」と言うのです。それが私の意見なのです。

例えば神社に行って、こう生きたい、こういう因縁から離脱したい、もうこの苦しみは嫌だと言って祈ります。しかしその祈る瞬間、お願いしますという瞬間でさえ迷っているのです。0・1秒でいいのです。「絶対に神様はこれを叶えてくれる、この神社さんは叶えてくれる」と0・1秒でいいから一心に祈ることができれば、ほとんどの祈りは叶うほうに行きます。でもその一瞬ができない。

どんな人にも、未来を生きるための霊感はもともと備わっています。神はそのための感覚を、実は人間が生まれたときから私たち1人1人に与えてくれているのです。つまり、自由選択権が与えられている。しかし、やはりカルマは決まっているとどこかで信じ込んでしまう。そして最初の第1感を疑う。

だいたい新しい物とぱっと接した瞬間、新しい人と初めて会った瞬間の、その0・2、3秒でよぎる第1感は正解なのです。この霊感はどんな人にでも備わっていて、その正しさは髪の毛先ほども違わないのです。しかしそれをふにゃんと無視して、すぐに欲望が出てくる。猜疑が出てくる。分析する心が出てくる。例えば、親から刷り込まれた価値観への反発で私は生きる、みたいな心が出てくる。そうするとそれが決定を歪めていくのです。1分後にはもうそういうものでいっぱいになっています。出会ったその人の顔はあの悪役の顔に似ているとか。逆に、この人はイケメンだから正しいことを言っているとか、そんなとんでもない判断をする。みんなが選挙ポスターの顔だけで正しい人を選べたらこんな苦労はしないという話と同じだと思います。

ですから、実は未来はそういう意味で決まっている部分と、決まっていない部分が同居しています。その最終的な決定権はどちらを信じるかにあるということです。

シュレーディンガーの猫

物理学で、シュレーディンガーの猫という有名な話があります。

生きているとも言えるし、死んでいるとも言える状態が存在するという話ですが、これは私が今言ったことと似ているように思えるかもしれません。ただ、量子論そのものは何かが根本的に間違っていると私は直感的に感じています。ですから、シュレーディンガーの猫は未来の科学者さんにお願いをしたい。精神世界は今までに、科学に大量に裏切られてきた歴史があります。アインシュタインを含め、空間論で説明しようとして、相対性理論が一世を風靡しました。でも今や、量子論の出現で、当時、ボーアの量子論をボコボコに批判したアインシュタインが今ではもう廃論に近いとまで言われるようになって、言い方によっては見向きもされない。そもそも最先端の物理学者たちが、こちらが正しいとイメージして選んでしまう物理学的判断や価値基準は、せいぜいが内輪の世界の流行で、その判断を受け入れている一般の人々は、物理学なんて何も知りません。はっきり言って、物理学は、我々精神世界よりもトンデモ説をたくさん並べたてる世界です。トンデモ説をぶつけ合って、さまざまな人たちが、あれは違う、これは違うと批判しあって、戦ってきた。人の批判が大好きな人たちが集まって。最後に生き残った説がとりあえず今は正しいとしておこうというのが物理学だ、と言っても過言ではありません。このことを明確に頭の隅に入れておかないといけません。

第2次大戦前まで、原爆大好きで、兵器を作れ、ロケットを作れ、とナチスの中で研究していたヘルマン・オーベルト、ヴェルナー・フォン・ブラウンたち、彼らはアメリカに渡って、戦後、今度はＮＡＳＡに協力して、平和のため、世界統一のためという触れ込みで月面開発研究に従事しました。人々は浮かれましたが、つぶさに見ていくと、科学は人類を生かしたり、殺したり、騙したり、そんなことばかりしています。そういうことは科学者自身がもっと猛省すべきだと私は思います。

話を戻すと、そういう意味では、シュレーディンガーの猫というのは、たしかに量子論的なものの見え方を、1つの例えとして物理学者側が語っている話ではありません。それはつまり、絶対性の境地が見えてきたということなのです。この世界は2元論的です。プラスかマイナス。生きるか死ぬ。光か闇。正か邪。必ず2元論的に物事が展開していくのですが、根本的なミクロの世界では、どうも絶対性が見えてきた。これは宗教や、易や、古代信仰の哲学の中で、近代科学なんかまだその兆しすら生まれていない時代に、精神的な熟達者、霊覚者たちが唱えてきたことです。どうも絶対的な世界があるのだ、と。それは2元論を超えた世界で、当然、シュレーディンガーの猫は走り回っているし、男女は結合してしまって、性を超えてしまうし、そういう絶対的な世界があるのだ、と。

古典古代では、唯一、哲学者のプラトンが、今から2400年ぐらい前の紀元前に、絶対的な世界がある。それをとりあえずイデアという名前で呼ぼうじゃないかと提案しました。キリストが生まれるずっと前です。人間の意識というのは、そのイデアの世界からヒューと落ちてきて、地上でパカーンと割れて、真っ二つになった。そして片方は男になり、もう片方が女になったのだ、と、こういう話を説きました。

プラトン哲学をボコボコに批判する人たちは今、多いですが、しかし、そういう絶対性の考えは古典古代からあったのです。そういう哲学と決別して、エビデンス、エビデンスと言って進化しようとしてきた近代哲学、近代科学、その最先端の物理学が、めぐりめぐって今、その絶対性の世界に迷い込んできてしまった。私にはそう見えます。「何千年も迷っていたね、君たちは」と私は言いたい。

そして、またその物理学の例え話、本当はミクロの世界でしか起きない例え話なのに、マクロの世界に当てはめて盛んに語りまくる今のスピリチュアル業界にも私は疑問を覚えます。そんなことは、今さら学問がどう説明しようが、それ以前から根本的なところではずっと言われてきたことです。我々は絶対的な世界からここへ来ました。そしてこの世で、絶対的な世界とは対極の世界を生きています。しかし時々、絶対的な世界に生きていた時の記憶を何となく思い出すのです。絶対的な理想世界がどこかにあり、人生の禍福という苦しみを、業《ごう》という苦しみを負わない世界がどこかにあるのだという感覚は、意外と物心ついた時から誰もが少しずつ微かに持っています。それが霊感なのです。

その絶対的な世界から今の自分を見つめたときに、自分は無力だ、何もできないという、自分に対する能力判断がまず最初に来ます。しかし、その何もできない無力な自分というのが、可能性の1つとしてあるということは、真反対の何でもできるという可能性も存在することがわかります。だからその両方を等しく選択肢として見つめましょう。そういう考え方として、シュレーディンガーの猫の例え話を見ることはできると思います。

訴える霊

よく体験する幽霊現象では、自分が死んだということがわかっていない霊が来て、何かを訴えたり、不満を言ったり、何かお願い事をしたりします。こういうことが起きるメカニズムは何でしょうか。

このメカニズムは、今まであまりにも単純な原理で説明されようとしてきました。非常に問題が多いのは、西洋から流入した原始的な霊界論です。西洋の人たちが、キリスト教の非常に厳格な拘束を超えて、スピリチュアルを自由に語れるようになったのは1800年代も後になってからです。それまでもたくさんのスピリチュアルの先人たちの戦いがありました。バチカンと戦っていたのです。最近、ようやくバチカンの一部が霊界研究にお金を出すようになったという噂はあるのですが、うまくいっているとは到底思えません。ある意味、バチカンも恐る恐るやっているのでしょう。バチカンは、逆に宇宙科学にはそれ以前からものすごくお金を出しています。それは科学の最先端で発見されたことが聖書と矛盾しないかどうかを、やはりヒヤヒヤしながら見ているからだと思います。

重要なのは、まず人間の霊というのは、霊魄、霊魂（＝先祖霊）、直霊という3つのものの合体系であるということです。3極超越。絶対的な世界は2元論を超越していると126ページで言いましたが、もっとすごいのは、我々自身が、3つのものを超越していることです。ABCという3つのものが合体したのが霊です。これは、そんじょそこらのレベルの霊感や科学などが追いつける世界ではありません。私は50年、霊的世界を経験してわかったのです。非常に物質に近い霊的要素が3分の1ぐらいあると（＝霊魄）。さらに先祖と子孫という流れにつながっている霊的要素が一部あると（＝霊魂）。そして完全に時空を超越した霊的要素がもう1つあると（＝直霊）。この3つが量子論的に1つになっている。だから当然、Aを取る、Bを取る、Cを取る、もできるし、ABCを同時に取る、AB、BC、CAを同時に取ることだってできるわけです。

まずこのことを頭に置いた上で、死の現場を考えましょう。日本の古典的な哲学では「念」という言葉を使っています。この念という言葉に、もうすでにちゃんと明確に書いてあります。「念」は「今の心」と書きます。生きているときの今の心に固執すると、それがこの空間に残って時間を忘却する。場所に残る、人に残る。そうすると時間がわからなくなります。今の心、今しか生きていないわけです。念というのは、いい面もあるけれど、怖い面もあるわけです。それが死ぬ前に、生きている人にくっつけば生霊になります。死して残れば死霊と言われます。移動する人間や動物にくっつけばそれも移動しますし、場所や家にくっつけば、よく言うところの地縛霊となります。あなたの家は怖い事故物件ではないですか、みたいなことになる。しかしこれもある意味、人間の霊の魄《はく》と言われる、霊魄と言われるものに近い霊的要素の問題なのです。これが念の正体です。念は今の心にこだわりすぎた挙句、時間から外れてしまった。脱線してしまった。そうするといつも今なのです。100年経っても今なのですね。100年経っても今の怨念なのです。それが霊です。この怨念が念です。本当に念というのはすごい言葉です。漢字がきちんと意味を説明しています。これが消えるまでだいたいこの世の時間で400年前後かかります。

怨念が消えるまで最長400年

怨念が消えるまで長い人で400年かかります。長くなる怨念で筆頭のものは、正しいのに殺されたという恨みです。一番たちが悪いのは、戦いで死んだ霊です。正しいのに殺された。この恨みは強いです。日本の古来からの武士道には、負けたほうが悪だ、勝ったほうが正義だという考えが根深くあります。勝てば官軍とも言います。ですから負けた人間は自分で腹を切るという習慣があったのです。これは逆に言えば、悔しさを倍増させて、怨念を敵側に向けよ！という靖国神社的な、旧軍閥における靖国神社的な念の使い方なのです。戦いを旨とした時代には、そういった仕組みがたくさん作られました。死したら靖国神社で会える。靖国神社の初期の頃のお祭りでは、実は敵国調伏の祈りをしていました。集まった悔しい旧日本軍人の霊に、アメリカをやっつけろというお祈りをしていた時代があるのです。ですから、念は怖いのです。

この念は、魄。物質寄りの霊の性質です。それがもっと物質的になった部分が抽出されてくると、エクトプラズムと称して、一部は物質的な残骸として残ったりする場合があります。霊が手形を残したりします。イタリアには霊が本当に現れた証拠物件だけを集めた教会があります。そこには霊がそこに手を置いたために焦げた手形がついた聖書などが保管されています。だいたい霊が激しく出る場所は、ヨーロッパの場合、その場所に火災をもたらすことが多いです。これは霊、悪霊は煉獄にいるという考え方があるからなのです。だから火を伴って出てくると考えるのです。

ですから、霊が実際に、繰り返し火災を起こすというケースが報告されています。その他に、人間が勝手に燃え出すという、自然発火現象というのがあります。これは、その人が悪いことをしたので地獄の業火に焼かれたのだという人がいます。しかし、私は自然発火現象は霊的な現象とは分けて考えるべきものだと思います。もっと物理的な要素が大きい現象ではないかと思うのです。

それはともかく、霊が物に影響を及ぼす、物質寄りの部分を持っていることは事実です。それは誰にも見える形で出てきます。私は何人もの人と同時に霊を見たこともありますし、地縛霊がいる場所で特定の静電気のパチパチした感じと、服がもつれる感じと、臭いとを体験したこともあります。そもそもそういう痕跡を醸し出すのは、それが非常に物理的な要素にリンクしているからです。

霊障と疑似霊障

霊障と呼ばれる現象は、念を抱いた霊が、生きている人の現実の人生や生活に絡んでくる現象で、私はたくさんのリーディングをこれまでしてきましたから、その種の例なら現象的にはたくさん知っています。

ただ、まず少し交通整理しないといけないのは、こういう話を怖がる人が多いということです。いまだに怖がる人があまりにも多い。ところが、実際には、霊がそういう現象を起こすケースはごく稀なのです。もちろん、あることはあります。手ごわいのは生霊と地縛霊。生霊はある意味、死んだ人の霊より手ごわいです。また、時間を超えて、場所・空間にくっつくもの、これらは念がとても強いです。

生霊の念に関して言えるのは、とくに愛情のもつれによる生霊の念は強いです。自由に動き回る幽霊や、浮遊霊は、たいしたことありません。浮遊霊は、弱いからぶらぶらしているのであり、そんなものよりも生きている人間の霊のほうがずっと強いです。

ですから、何かに憑かれたようです、調子がとても悪いのです、という人に、テレビ番組の企画で会いに行くようなことを私もずいぶんやりました。でも実際に会ってみて、ここで憑かれたという場所にも行ってみると、たしかに、いま何かに憑かれました、体が重たい、ちょっと気持ち悪くなるというケースが多いのですが、しかし、私が見る限り、ほとんどの場合、その人が霊という概念を恐れすぎてしまっていることが一番の原因になっている、というケースです。その霊という概念に本人のほうが取り憑いている。本人がそれを信じ込んで、強力な催眠にかかっているケースが多いのです。私はあえて区別する意味で、それらのケースを疑似霊障と呼んでいます。実は今こういう人たちがすごく多いのです。

霊の根本的性質を説く人があまりにも少なくなっていることが、こういう問題を起こしているようです。

怨念がもたらす激しい霊障

激しい霊障になると、地縛霊的な霊の場合が多くなります。土地に取り憑いたケースでは、やはり、その土地で以前、たくさんの人が死んでいます。当然、病院、宗教施設、骨が埋まっている廃寺、廃神社など、たくさんの人の念がこもるところで、そういう現象が起きます。

それから、会社です。とくに古い会社。またはお墓と隣接している会社。それから放送局。霊というのは、自分の存在を知ってもらいたいのです。自分の存在を知ってもらいたいから放送局に行く。要は、霊の根本にあるものは、自分が死んだ場所、理由、人間関係的な背景、なぜ霊として残ってしまったのか、ということを知ってもらいたい、が絶対なのです。

霊がそう簡単に生きている人間を殺せるわけがないのです。逆にいうと。殺せないから怖がらせて存在を示そうとする。これは駄々っ子が泣き喚いて物を投げてくるのと一緒です。

実は霊的世界には、警察もいれば、裁判官もいるし、自衛隊みたいな組織もあります。なぜなら、今言ったみたいな困ったちゃんな霊を回収したり、説教をしたり、注意して回る専門霊もたくさんいるからです。これらを仏教では明王《みょうおう》とか天部と呼びます。この専門霊たちはしょっちゅう巡回しています。そして、情報を把握する範囲のものすごく広い霊たちですから、何か悪い霊がいるとすぐにわかるのです。私たちがお祈りをすると、すぐに飛んできます。だからまずそういう人たちにお祈りをして、霊害の110番通報をしなさいと私は言います。それはその専門霊たちの正しい名前を唱えることです。そうすると彼らは飛んできます。そして、困ったちゃんの霊たちの首根っこを摑んで回収しています。

だから、実は、霊界には明確な、たった1つの絶対的な法則・法律があるのです。それは、生きている人間の自由を奪ってはならない、という法則です。そして生きている人間の自由を守ることは、霊的存在全員の義務であるということです。これは植物霊から動物霊、人霊に至るまで、隅々の霊が知っていることなのです。

それなのに、その法則は知っているのに、やっぱり自分をわかってほしいとか言い出す霊に対しては説教しなければいけません。本来、自分をわかってほしいなんて言ってはいけないのです。霊は本分として、人間に寄り添うこと、助けること、守ることを黙々とやるべきで、霊の世界は絶対隠善の世界ですから、隠善を積むべきであり、自分をわかってほしいなんてあり得ません。ましてや、人間に対して何かをしてやったなんて、あり得ないことです。隠善を積んで、たくさんの善行を叶えていった人が最後は自由になって、霊の力が大きくなって、如来菩薩へと、神々へと進化していくのです。これが霊界の徳を積むということの本当の意味です。それなのに、自分をわかってくれ、何をしてくれ、苦しいんだ、などと言うのは、本来言ってはいけないことなのです。ですから、私は、そういう霊に向かっては、「何を言ってるんだ。そんなことを言ってい

る お前はおかしい」と、まずは説教を始めます。

最初の頃は、私もそういうことがわかりませんでした。だから霊にくっつかれて私自身も嫌な思いをずいぶんしました。霊に取り憑かれる人の苦しみもたくさん見ました。昔はそういう心得違いをした霊が本当に多くいたのです。

私は最近は、霊に向かって明確に怒ります。自分をわかってくれとは何事だと。人を怖がらせるとは何事だと。恥を知れと。お前にも先祖がいるだろうと。先祖に聞いてみよと。

そうすると霊は丸まって小さくなります。私が「何呼ぼうか、不動明王呼ぼうか。如来菩薩呼ぼうか。大天使呼ぼうか。何がいい。お前は何教だ」と言うと、霊は震え上がります。彼らが本当に一番怖いのは、霊としての存在を分解されてしまうことです。これが霊界での極刑です。この極刑はまず行われませんが、あることはある。極刑は分解されてしまうことなのです。あまりにもひどい所業をする霊がいると、霊を分解する力を持った神様レベルの存在が出てくる場合があるのです。それは人を徹底的に迷わせて、何万人も殺す可能性がある霊です。要するに悪霊の極みの霊。私も今まで50年、霊能者生活をしてきましたが、2回しか見たことがありません。真っ黒けの目玉みたいな霊です。それも遠くをよぎっている姿だけ見えました。身近に見たこともありませんし、向こうに気づかれたこともありません。極悪のものとは縁がないのです。極悪の霊は本当に極悪の人間としか共鳴しません。極悪の人間の最高の喜びは、善を装う悪です。善人を装いながら行う悪が極悪な人間の最高の喜びです。それが極悪。悪の喜びの極みを知っているのが極悪なのです。私はそういう世界とは縁がありません。しかし、世の中にはそういう人間がいないわけではありません。

その悪霊というのは、いわゆる悪魔というのとはちょっと違います。西洋の悪魔というは、そんなに偉いものではありません。悪魔はちょっと足を滑らした天使ですから。キリスト教は面白いところに悪魔のイメージをとりつけたと私は思っています。

絶対悪の世界に存在できるのは、本来、喜びが欠片もない者だけです。しかし堕天使という存在はいるかもしれません。悪を喜びと感じてしまう人の意識の集積体です。それを作り上げたのは、残念ながら人間です。要するに、邪霊の合体系の大軍団です。悔しくて死んだ霊が周辺にいます。宗教戦争によって邪宗だとされて、滅ぼされた霊たちがたくさんいます。古代においては、牛を信仰するバアル神の信仰がありました。キリスト教ではバアル神は、悪魔の軍団の隊長です。ベルゼブブ、昆虫の姿をしています。

植物、昆虫の精霊信仰が昔のヨーロッパには広くありました。これも悪魔の軍団として、ベルゼブブの冠をいただきました。彼らは実在します。でもそれはキリスト教を信じる人たちの世界です。日本においては、古来、そんなものは全部受け入れているのです。そしてちゃんときれいにお付き合いをしています。こいつらは敵だ、などという怨念を作りません。この国では、だからなかなか悪魔が悪魔として存在できないのです。

ところが長い間、敵の宗教を徹底的に潰す戦争をついこの前まで繰り返してきた大陸中国などでは、非常に根本的な邪なものがいます。これはブラックドラゴンと言われる、黒い龍のお化けです。すでに本体は解体されて、いろいろな人たちがそれと戦って、とくに中国の道教の志士たちは何度も戦ってそれを解体しています。しかし、それでもその黒い龍の抜け殻みたいなものがかすかに残って、今の中国の政治や、経済や、いろいろなものに影響を与えています。やはりそれは国家に潜んでいます。国に取り憑いていると言えなくもありません。

ブラックドラゴンは、黒竜江省の黒竜。この辺の流れは、実はシンボルでもあります。なぜ、黒い龍が暴れるかというと、それは黒竜が悪いのではなく、黒竜を生み出して、そこに憑依している私たち人間の意識が悪いのです。ですから、今の私たち人間のレベルにおいては、必要悪です。

では日本の縄文の霊たちはどうでしょうか。怨念というのは400年経ったらもう消えてしまいます。しかし、消えるには条件があるのです。その条件とは、理解されて、歴史にきちんと残って、その人たちの功績をみなが広く知ることなのです。縄文時代はどうだったでしょうか。野蛮な人たちがウッホウッホとして暮らしていたと思われているでしょう。でも縄文時代には非常に高度な文明があったのです。この縄文人が、後に新しい文化を作ろうとした弥生人や、古墳時代を作った人たちと長いこと戦いを繰り返しました。

この縄文人たちはまだよく理解されていない面があります。例えば、縄文人とアイヌの民たちはどうつながっていたか。この種の問題は、長い間不問に付され、そこで亡くなってきたたくさんの霊たちは、決して浮かばれたとは言いきれない状況です。ようやく最近になって、そういうことも含め、縄文の文化をもっとよく知ろう、という機運が高まってきました。縄文時代は2万年にもわたって、戦いの痕跡がない、史上最も平和な時代だったということを知ろうという動きが出てきました。私はこの気運の醸成によって、今まで封印されていたものがまもなく解放されると思います。

ですから、私は以前から、北海道で浮かばれないアイヌの霊の浄化、縄文人の霊の浄化に携わってきました。人間だけではなく、殺された、牛、馬などの家畜の霊の浄化など、いろいろなケースに立ち合ってきました。北海道以外でも、全国各地で鎮魂の儀礼に参加してきました。

中国地方のある場所で、公共開発をやった途端に、公共体の職員がバタバタ倒れた事例も知ってます。それは昔からある由緒ある町で、病院開発をしようとして、公共団体が山を掘削して削っていったら、古代遺跡が出てきたのです。稀に見る非常に珍しい、出雲大社の原型にもなるような遺跡です。それが出てきてしまって、いったん工事を止めて、一応調査をして、遺跡をどけて、さて病院を建てるんだと工事を再開しました。もう土建関係からその後の商業・流通も含めて利権関係が決まっていたので、止めるわけにはいかなかったのです。それは今の人間の事情だからしょうがないでしょう。

ところが、再開しようとした瞬間に、自治体の職員や推進派に関わった人たちがバタバタと数名倒れました。そこで呼ばれてお祓いに行った霊能者でさえ調子が悪くなったそうです。大変な力です。つまり遺跡が埋もれていたのに誰も気がつかなかったという無礼。その人たちは、後世の人たちの喜びを祈り続けて死んでいったのに、本当に長い間、それをわかってもらえないという怨念です。私は、聖なる怨念というものがあるように思います。

ツタンカーメン王の呪い

エジプトで1920年代にツタンカーメン王の墓が発掘されたとき、発掘に関係したたくさんの人たちが次々と不幸に見舞われたという有名な話があります。「ツタンカーメン王の呪い」と呼ばれています。亡くなった人の数は20人を超えると言われています。しかし、最近になってもツタンカーメン展をやろうとした博物館の館長が突然亡くなるなど、実はこの呪いはまだ続いています。

あれは激しい怨念です。ツタンカーメンがどういう王で、エジプトはあの巨大なピラミッドを作るまでの力強い信仰体系をどうやって持つことができたのか、まだまだピラミッドには謎が多いし、わかっていないことは多いのです。ツタンカーメンやエジプトの王政が残してきた記録。そしてそこに接続されるさらに古い時代のシュメールの重要な記憶から推測すると、明らかにとてつもない一大文明が花開いていたのです。もしかしたら、当時は、使っている道具は原始的であれ、今の文明よりみんな幸せだったかもしれません。私は決して、奴隷に鞭打って無理やりあんな文明を作ったというような、西洋側からの見方はしません。それこそそういう見方しかできないことが、西洋の野蛮さの証明になっていると逆に思います。本当は、エジプトには大変崇高なものがあったと思います。事実、中世の十字軍の人たちは、エジプトへ行って、遺跡のあまりの壮麗さに感服しています。今、西洋の天使が羽を生やしてるのは、十字軍の人たちがエジプトで、かの地の神々や天使に羽が生えているのを見て、その影響で天使に羽が生えたと言われています。それぐらい感銘したのです。

ところが面白いのは、最も呪われなければいけない、その発掘をゼロから指揮したハワード・カーター（1874－1939）が長生きしているのです。この人は史実によると、とんでもない人物で、ツタンカーメンの指輪を外して自分の指にはめたり、実はマスクもそのまま持ち帰ろうとしていったん首もいじってしまっています。さすがにマスクは持ち帰らなかったのですが、指輪を持ち帰っています。そんな話まであるカーターですが、このカーターだけは、ほぼ天寿を全うするのです。名誉欲丸出しの半ば香具師《やし》みたいな男だったのに、幸せに暮らすのです。カーターに出資したカーナボン卿は、発掘以降体調を崩してどんどん弱って死んでいってしまうのですが。

このことを一体どう解釈するか。今も祟《たた》りが続いているツタンカーメンの怨念は、しかし、カーターの激しい生命力には勝てなかった。そう解釈するほかありません。きっとカーターにもそれだけの因縁があったのです。エジプト文明はそれ以前にあったクシュ文明を滅ぼして成り立ったことが最近知られています。これはアフリカの文明です。だからひょっとすると、スフィンクスなどは元々クシュ文明の遺物に何かをくっつけたのではないかという説さえあります。

それでこのクシュ文明の因縁をカーターは背負っていたのではないか、と私は推測します。おそらくクシュ文明は色の黒い人たちの文明で豊かに栄えていました。まだエジプトに水が豊かだった頃です。それを誰かが、俺たちのほうが上だと言って滅ぼしてしまった。この因縁をカーターは1人で返したのではないかと推測します。

エジプトの文明は、イギリスやフランスの、ヨーロッパの調査発掘隊が、世に知らしめたものです。ある意味、考古学上の偉業というレッテルが貼られたわけです。ですから歴史的に見ても、その霊たちのやったやられたが、生きている人間に影響を与えたと思われます。

そういう世界史的に有名な例もたくさんありますが、身近な問題では、私が今まで日本国内で見てきたケースでは、とにかく北海道では牛、馬の霊の障り、アイヌの障り、縄文の障りは非常に強かったです。一部、明治時代の頃に入植した人たちが、過酷な環境の中でいろいろな思いを残して死んだ人の霊も見ました。軍人の行進なんかも一部見たことがあります。北海道なのに、西南戦争のときのような古い時代の軍服を着ている霊たちでした。

饒舌だった即身成仏のミイラ

東北周辺を歩きますと、やはり古い霊を見たりすることがあります。しかし、意外と東北地方は、いろいろな信仰がほどよく共生しあって、静まっています。私は逆に、信仰が豊かなのだろうと思います。東北地方に広く分布する即身仏のシステムや、地蔵信仰は非常に重要な除霊能力を持っています。

そのシステムに関してはまた別の機会に本にしたいと思いますが、１つだけ例を挙げれば、私はある時、すごくリアルに、どこか東京駅みたいな近代的な駅を歩いてくる２

体のミイラの夢を見たことがあります。明らかにしわしわのミイラでした。体に包帯を巻いている西洋式のミイラではなく、乾燥して腐らないまま残った人間の亡骸が2体、歩いてくるのです。どんどん近づいてくるのですが、恐怖心は感じません。周りをふっと見たら、私の足元にまで、たった今死んだような人の亡骸や、すでに腐敗している死体やらがいっぱい転がっているのです。でもその中を、その2体のミイラは、明るく金色に輝くように向こうから歩いてくるのです。死した人の霊にもいろんな種類があるのだなと思って、私はそのミイラと何か話し込むところまで見て、目が覚めました。一体これはなんの夢だろうと思いました。とにかく、激しく残る夢でした。その数日後、家族の人間がどうしても東北に行きたいと言い出して、それでネットで調べたら即身成仏のミイラが2体保管されている海向寺というお寺が山形県にあるらしいということになって、行ってみようということになって、行きました。

その時に初めてそれがミイラと呼ぶにふさわしくない、即身成仏という儀礼の形だということに気がついたのです。西洋の信仰から言ったらあれこれ批判する人も多いでしょう。しかし即身成仏というのは非常に重要な修行形態で、まず肉断ちをし、潤沢な食事を断って、特定の草木や実だけを食べて野に入り、最後は漆《うるし》を飲んで、体の内側の菌を全部殺し、死しても腐らないようにし、地中深く埋められて、そこで経文を唱えたり、鐘を鳴らしたりしながら死を待つ儀礼です。それは自殺とは違います。つまり確信を持って、自分が人を救う一心の念の発信体になるのです。そう決めてミイラになる儀礼なのです。それは宗教上の、自虐的な自殺なんかとはまったく意味が違います。キリスト教にもオプス・デイとか、一部自分の体をいじめる宗教はありますが、そういうのとはまったく違う。東南アジアにも体を痛めつける儀礼はあります。そういう映像も見たこともありますが、メンタルは近いけれども、やはりそれを成し遂げたミイラしか残らないと私は思いました。ところが、その2体のミイラは違う。それぐらいその2体のミイラはすさまじかった。1点の曇りもなく救済の発信体になっていました、人々を救うというその一念の精華です。ああ苦しいとか、ああ飲まず食わずだとか、後悔したとか、死が怖いとか、そういう曇りが一切なかった。そして、まるで普通に生きているように、その2体のミイラは語りかけてくるのです。

向かって右側にあるミイラ、即身成仏のお体は、とても饒舌によく喋っていました。そして、もう1人のほうは寡黙なのです。すると、そのお寺の方にお話を伺ったら、「時々右側の方はよく喋るような気がいたします」とおっしゃられました。「そうですね」と思わずそう言いそうになりました。

私は昔、伊豆で暮らした時期があるので、水死者を見る機会が時々ありました。水死者にも饒舌な死体とそうでない死体があります。昔、死体と話す刑事さんがいたという話がありますが、本当に饒舌な死者はいます。まだ生きている時の自分を忘れられないまま、習慣のまま喋るのです。怨念まではいかないけれども、そういう人もいます。

話を戻しますが、その即身成仏の2体は、つまり私の夢に出てきて、自分たちに会いに来いと言ってきたわけです。

正確に言うと、その夢を見た時はどうなるか全然わからなかったのです。数日後、家族が突如、台風が来ているから旅行先を変更して、東北へ行こうという話になったのです。それで行ってみたら2体のミイラが祀られている寺があった。それで、まず真っ先にお参りをして、ああこの人たちは夢に出てきたミイラだと、わかりました。事前にご挨拶に来られた、ということです。

本当に、明らかに救済の発信体となっていた2体でした。だいたい即身仏というのは、体に着てる衣を7年に1回きれいに取り替える習慣があります。その時、古い衣の切れ端を、お守りにして全国へ販売するのです。頒布《はんぷ》するのです。私も、そういう衣の切れ

東北地方には古い霊の話が多いが、地域とほどよく共生しあっている。岩手県にある東北最古の曹洞宗のお寺・正法寺の開祖・無《む》底《てい》良《りょう》韶《しょう》禅師には、幽霊から生まれた子という珍しい伝説がある

『日本六十余州 傳説と奇談 第11集 東北篇』山田書院、1963年
それはこんな話だ。今から700年ほど前、亀井辰治郎という藩士が伊勢参りの帰りに松坂町の扇屋でみやげに扇を買った。店の娘お鶴は辰治郎に一目惚れ、お鶴は「ほやの（お慕いしております の意）扇でございます」と言って亀井に扇を渡すが、亀井に同行の藩士がやきもちを焼き「ほやの」とは「乞食（ほいと）」のことだと嘘をつく。怒った亀井はお鶴を斬り殺してしまうが、後に「ほやの」の真の意味を知り、扇屋を訪れてお鶴の位牌と祝言を挙げる。その晩からお鶴の亡霊が亀井のもとを訪れる。やがて懐妊したお鶴は男の子を産んだ。その子が後に正法寺開山無底良韶禅師となったという。

端をいくつか持っていますが、面白いのは、昔テレビで激論を交わした超常現象否定派のうちの1人が、そういうお守りを1つ持っていたのです。それで否定派がこっそり持つぐらいだから、これは効くんじゃないかな、と、ちょっと調べてみました。湯殿山のミイラのお守りを取り寄せて、何人かに試してもらいましたが、みんな運が良くなりました。ひどく複雑だった問題が解決するようなことも起きました。やはり念の発信体はすごいのだなと思いました。

第7章 あの世からはこの世の全てはこう見える《後編》

人の恨みを買うと怖い

ちょっと脱線するかもしれませんが、念ということに関し、死んだ人でなくて、恨みを買うと怖いという話はいくらでもあります。先日も知り合いの若いサラリーマンが言っていましたが、社内で無慈悲なリストラを断行した役員がいて、その役員が交通事故にあって腕を包帯で吊ってきたその数日後、今度は指を切ってまた包帯してきたということがあって、社員たちは陰で、だからあんなひどい首切りなんかして、人の恨みを買うもんじゃないよなと、コソコソ話していたという話を聞きました。やはり生きている人間の念の強さというのは、そういうかたちで現れるものなのです。昔の人は、そういうことがよくわかっていました。しかし、現代人は、そういう念を感じ取れなくなりましたから、クレイジーな世の中になってしまったと私は感じます。

私たちの体には、五臓六腑があり、目があり、鼻があり、耳があり、それらはすべてその人のものだという以前に、この体は霊的なものに常に反応しているレーダーなのです。ですから、とくに怖いのは怪我です。だいたい人の恨みを買うと、手に現れます。

過ってカッターで切ってしまうとか、尖ったものでぶすっと刺してしまうという場合、人の念が来ている時です。カッターが壊れていたからとか、ぶつかって来た自動車に過失があったんだ、とか、そんな問題ではありません。そういう偶然に巻き込まれること自体が念なのです。それは必ず手に現れます。左手は男性の念、右手は女性の念。これは普遍的にそうです。

今の例は生霊の念です。死霊の場合もありますが、通常、死霊なんかにやられたら、左半分右半分がやられます。死霊の場合は足にくることが多い。生霊は手に来ます。人間関係は手に来るのです。将来に関わることは足に来る。死霊が相手を呪う場合、相手の将来を奪おうとしているわけですから、足に来るのです。ひどいケースではどちらも頭がやられます。ですからまず頭を守らなければいけません。

手や腕に何かちょっと怪我したり、切り傷を入れてしまったり、ドアに指を挟んだり、腕を脱臼したり骨折したりという場合は、やはり生霊が来ています。そういう時はとにかくその本人がまず自分で気づいて、自分の態度を改めなければ、先ほどの例のように立て続けに起きます。気づかないから、わかるまで続くわけです。きちんと気づいていないままに、身近な人間に優しくしてみても、だいたい普段優しくしていない人間に優しくすると、腹が立つようなことを言われるのが落ちです。今さら、あんたにそんな態度されたくないよ。今さら優しさを気どるわけ?、みたいな感じで、逆にカッとされたりします。そもそも、生霊というのは、同じ等質の性質同士でないと中に入れないようにに出来ています。他人を排斥しようとする同じような攻撃性、怒りを持っているから引き合うのです。ですから、その人がまず真っ先に自分の人に対する恨み、責める心、攻撃的な姿勢を取っていかないと、生霊は消えないのです。

これまで私が見てきたなかでは、家族内での家族同士の生霊というのもたくさん例があります。

もっと細かく言いますと、手や腕の場合、肘をやられる人が多くいます。「肘鉄」と言いますでしょう。肘鉄というのは、人を排斥する行為です。だから、肘鉄をやられた人の生霊は肘に来ます。肘より上の腕は金銭がらみの生霊です。このあたりのルールは、古くから決まっています。肘から上は金銭がらみ。ですから、私は銀行へ行って、来ている利用者たちの姿をぱっぱと見ていると、この人は本当は詐欺師だな、本当はお金を全然持っていないな、とか、他人のお金に依存して生きているやつだな、とか、見た瞬間にわかります。ゾーッと腕のあたりが寒くなります。お金に対するさまざまな念は上腕のあたりに出るのです。

生霊に襲われてそういう目に遭った場合、先ほど言ったように、まず自分がきちんと気づかなければいけません。きちんと気づいていないのに、形だけお寺さんや神社へ行ってお焚き上げしてもらったりしても効果がありません。そういう人がいると、私は「すぐ人を頼るな」と言います。お寺さんや神社でお祓いをしてもらっても、本当に霊的なことを綺麗にできるお坊さんや宮司さんがどれだけいるかと思います。ネットの評判はどれだけ合っているのか。それも吟味しないといけません。

お祓いをしてくれるお坊さんや宮司さんに、相当パワーがないと難しい。それに儀礼を知っていないと難しいです。それから、その種のお祓いのほとんどは暗示なのです。取り憑かれたと思っていたけれど、お寺や神社へ行ってそれが取れたというのはほとんど暗示です。

呪いと呪詛返し

日本人にはお盆と年末に、お世話になっている人に品物を持っていくという習慣があります。お中元・お歳暮です。あれは生霊を止める方法としては最強です。食べ物をあげると、もらった人は生霊を飛ばせません。だからお中元・お歳暮というのは、お世話になった人たちへのお礼という意味もありますが、恨まれないように品物を送っているという面もあります。

私は昔、社長秘書みたいな仕事をしていた時期がありました。夜の銀座で他の会社の秘書とニアミスすると、生霊を飛ばされる、という経験がしょっちゅうありました。バブルの頃ですから、向こうも気が張っていたわけです。

若い頃に、四国のほうで、ある有名な呪術師がいて、いざなぎ流呪術というので有名な人でした。呪術の中の最高峰の呪術と言われています。その能力者と一騎打ちしたことがあります。1回目、私のほうがやられました。お互いに呪いをかけあうのですが、私が負けて七転八倒の思いをしました。それで次に会ったとき、相手が「大変だったね、秋山君」と、ニヤニヤしながら言うものだから、こんちくしょうと思って、呪詛返しという技を使いました。相手がかけてきた呪いを、そっくりそのまま相手にお返しするという技があって、その技をその時、初めて使ったのです。それからまた半年ぐらい経って、3度目にその相手に会ったとき、その人、もうゲロゲロに痩せて、体中できものだらけでした。満身創痍。「いやあ、秋山君、自分の呪いの恐ろしさを初めて知ったよ」と、こちらが何も言わなくても相手のほうがすぐ言ってきました。私が呪詛返しの技を使ったことはもちろんその人ならすぐわかったのでしょう。優秀な人なのです。ただ私は、そのまま返しただけなのですが。

平将門の呪い

呪いとして日本で有名なのは平将門の呪いです。千代田区大手町にある将門塚《しょうもんづか》は最もポピュラーな伝説です。将門塚は、古くから近代にまで伝わった、東京の鎮護といいますか、東京のお守りさんです。戦前から何度も都市開発で取り壊されようとして、工事が始まると関係者の不審死が続いて、結局取り壊されることなくずっと存続していま す。そういうわけで東京のお守りと言われているのですが、面白いのは、私が感じるに、将門という人はめちゃくちゃ優しい人だったということです。そう感じます。そもそも源氏と平家の因縁というのは日本を二分する因縁でした。古くからいろいろな思いが各地に残っています。実は将門塚なる塚も、胴塚、首塚、各地にいっぱいあるのです。足と手を埋めたなどという場所もあります。そういうものがいくつも残るぐらい将門の怨念は強かったわけです。しかし優しい人でした。将門の霊をリーディングすると、そう見えてきます。

時代は200年下りますが、源頼朝も優しい人でした。頼朝がボコボコに負けて逃げ帰ってきた時に、頼朝が北条政子と伊豆山の山の中でデートしたと言われていて、2人が腰かけた石というのが残っています。私は、そこへ行って、自分もその石に腰かけてみました。そうしたら、頼朝の優しさがもろに伝わってきました。

将門も頼朝も、家と信条は違えど、平氏、源氏それぞれの因縁を背負って生きたのです。先祖たちの困った因縁を生きたのです。頼朝に関して言えば、あそこでなにも源平合戦をする必要はなかった。しかしその因縁があって、彼らを止めることができなかった。どうしても戦わねばならないのだとしたら、もうしょうがない、家を背負って戦うしかない。清盛と頼朝の何が違ったかと言えば、頼朝にはやはり北条政子がいたということです。すごく強力な運のいい女の思いがありました。

羽田空港に有名な大鳥居があって、あれは穴守稲荷神社の鳥居ですが、あの大鳥居にもいろいろな呪いの噂があります。いろいろな因縁があります。戦後すぐ、米軍があの空港を占拠した時に、米軍機が着陸しようとしたら、地上に何か犬のような動物がいっぱいいて着陸できませんと米軍機のパイロットから通信が入った時期があるそうです。フーファイターという火の玉のようなものがビュンビュン飛び回っていて、コックピットの中にも入ってきて、そのまま突き抜けていくのだけど、飛行機には穴も開かない。そんなものを見て、当時の米軍関係者は日本の上空を飛ぶのが怖かったという話です。

当時の日本の人たちは、「ああそれはお稲荷さんですわ。我々に責任はございません。何か呪いをかけたわけじゃございません。あの場所はお稲荷さんがございまして」みたいな反応だったらしいです。

危険を知らせる霊

これまでの話は、霊障的な話でしたが、それとは別にいわゆる危険を知らせる霊という存在があります。要するに危険を知らせることによって、その人が死なないようにする霊です。この霊は、やはり先祖霊です。ごく稀に、直霊が時空を超えて、俗に言うハイヤーセルフと言われるやつが出てくる場合もありますが、まあ言われているほどは多くありません。たいていは先祖霊です。ほぼ99・99％先祖霊です。

例えば雪山へ行って、大雪になって吹雪で前も見えない状態になって、遭難しかかって、もうダメかなと思ったら、突然、前方に人が現れて、こっちだよ、と言うから、それに従って行ったら助かったと。でも後から、あの指差してくれた人はいったい誰だ？みたいな話です。つのだじろうの『うしろの百太郎』みたいな話がいっぱいあります。私自身もたくさん経験しました。山でも見たし、川でも見ました。「こっちに避難しろ」とか、誘導したという話も無数にあります。霊が人を助けた話は実は多いのです。でもそういう深イイ話は案外、語られません。怖い、悪いほうの話は尾ひれをつけて、山のように語られます。

怪談話で有名なラフカディオ・ハーン（小泉八雲。1850－1904）は、子供の頃から幽霊が見れたらしいです。しかし、西洋の幽霊はあまりにも怨念が強くて怖かったそうです。それで日本に来た時に、横浜港から日本を眺めていると、この国には幽霊が到るところにいそうだけれど、生きている人たちと穏やかに同居している優しそうな感じがしたと言っています。それで、ここに住もうと思ったと。ラフカディオ・ハーン、小泉八雲は、横浜、松江、熊本、神戸、東京と居を移しましたが、それぞれの地で、霊の

「この国の幽霊は西欧の幽霊と比べたら優しい」と言ったラフカディオ・ハーン（1850－1904）

ラフカディオ・ハーン＝小泉八雲

晩年に八雲が住んだ家の真裏にある新宿歌舞伎町の鬼王神社

濃いところに住んでいました。その1つが、新宿歌舞伎町の鬼玉《きおう》神社。新宿バッティングセンターの裏側にあります。ハーンはそのすぐ傍に住んでいました。この辺りは霊がめちゃくちゃ濃いところです。さまざまな霊が跳梁跋扈しています。将門の話につながりますが、将門の幼少名が鬼王丸《おにおう》です。要するに子供の頃の将門のようなやんちゃな心を鎮めるために作られた神社なのです。ちょっとした力のある神社です。八雲はその真裏に住んでいました。

それから東京に住んでいた間、頻繁に訪れたのが静岡県焼津です。ヤマトタケルが草薙の剣を持って悪霊を退治した焼津です。日本の神話時代から非常に因縁の濃い場所です。それから日本に来てすぐの頃、住んでいた松江。ここは出雲の隣で、本当に幽霊が濃いところです。八雲は、松江城の周りを毎日のように散歩していたといいます。

でも、西洋の霊の怨念と比べたら、日本の幽霊は優しいと彼は思ったらしい。この話はいい話です。やはり、日本の霊は、導く霊が多いです。日本では毎年、儀礼的にお盆という時期を設定して、この時期は死者が帰ってくるから、それを供養する。帰ってくる先祖の霊はみな、私たちに優しくしてくれると考えています。そのことを愛でる祭典が盆踊りなのです。お盆の火を焚き、みんなが踊ったり、親戚一同が集ったりする。やはりこういう風習は非常に重要だと思います。

中国にも似たようなものはありますが、日本とは定着の度合いが違います。同じだったら、唯物論の共産主義の国にはなっていないと思います。日本の場合は盆踊りがいまだにこれだけの強度で残っていることは非常にいいことだと思います。

西洋でこれに相当するのは、実はハロウィンなのです。ハロウィンに死者が戻ってきます。生きている時、さまざまな妙ちくりんなことをしてしまったため天国へも地獄にも行けない、パンプキンヘッドみたいな死者たちが戻ってくるのだというのがハロウィンの話なのです。戻ってきた、浮かばれない先祖たちの霊を家できちんと祀り直してあげましょう。そして子供たちにはちゃんと施し物をして、喜ばせてあげましょうというものです。若い、幼い子供たちが喜ぶ力は、あらゆる霊をきれいにするのです。赤ちゃんが笑う力には、本当にあらゆるお祓いより強い力があります。逆に赤ちゃんが苦しんで泣く姿はあらゆる霊を呼ぶのです。

ですから、話を戻しますが、小泉八雲、ラフカディオ・ハーンのような人の生涯をたどっても、この国の霊たちの特質は見えてきます。

危険の伝え方

霊がこちら側の人間側に危険を伝える時には、直接、幽霊のように出てくるか、夢で伝えるか、突然、声だけが聞こえるか、声は聞こえなくても、意味だけが突然バーンと入ってくるなどの方法があります。

これにはグラデーションがあって、まずだいたいほとんどの霊は、絶叫しようがドタバタ暴れようが、こちらの人間側には微かにしか聞こえません。本当に霊感、霊超能力を凝らさないと聞こえてきません。しかし彼ら霊に相当強い思いがあったり、念力が強力な場合、音が聞こえます。パキッと指の関節を鳴らしたような音がしたり、ゴトンという比較的大きな音がすることもあります。雨だれのようなトン、トンという音のこともあれば、コン、コン、コン、コン、コンというようなラップ音のケースもあります。たいていは、家鳴りという言葉で片づけられていますが、あれらは霊が必死になって叫んで、気づいてくれと訴えている音です。何か床をひきずるような音がすることもありますし、裸足で歩き回る音や、砂利道を踏み鳴らすような音がすることもあります。

ですから、霊が何かを訴えようとする時に、必ず最初は音で来ます。その音がここで鳴るのか、そこで鳴るのか、なぜ今鳴るのか、ということには、選択性があるわけで、それぞれ意味があります。

足音のような音の場合、その霊がどの時代から来たかヒントになることもあります。草鞋《わらじ》を踏むような音の場合は、古い霊だと判断できます。池袋の巣鴨プリズン周辺では、夏の夜に軍靴、軍人のブーツの行進する音がよく聞こえたといいます。普通に夏の風物詩だったそうです。とにかく足音がするぐらいになるとこれはかなり強い思いと判断できます。

その他に、霊が人間に伝える方法として、いわゆる「虫の知らせ」というのがあります。

防衛大学の先生だった大谷宗司先生という方がいました。日本の霊研究、超能力研究の草分け的な存在だった人です。日本心霊科学協会のトップもしばらくやられていました。すでに亡くなりましたが、私はプライベートでものすごく親しくさせていただいて、自分の父親代わりぐらいに思っていた方です。非常に聡明な心理学の先生だったのですが、霊的なものを客観的に見るという調査・実験を長く行っていました。

その1つが、旧日本軍の遺族を対象にした調査で、戦後、南方作戦で亡くなった旧日本兵の遺族に5000件ぐらい聞きとり調査を行って、現地で兵士が亡くなったであろうその日時・時間に、何か変わったことがなかったかを尋ねています。

すると、結構、データが集まりました。勉強机が真っ二つに割れたというケースがあるのです。実はこの現象は頻繁に起きます。虫の知らせといいますが、鏡が割れる、机が割れる、というのは決して珍しい例ではないことがわかりました。あと、鏡餅が割れるというのもあります。神棚に祀った鏡餅がバーンと音を立てて真っ二つに割れるのです。そういう報告がたくさんあります。雷が落ちた、というのもあります。私は霊的な現象の調査をしている時に、真横にダーンと雷が落ちたのを体験したこともありますし、ある有名な研究者が亡くなった時にも、近場に同時に雷が落ちたことがあります。ですから、やはり、物が割れる、電気製品が飛んでしまう、停電する、あるいは明滅を繰り返す、などの現象は定番です。

金属に現れる虫の知らせ

それから、金属にはよく虫の知らせが現れます。奥さんが台所で使っていた包丁が真っ二つに壊れたら、旦那さんが交通事故に遭った時刻だった、とか、そういう話はよくあります。

とくに金属器には、何か強い念が働くことがわかっています。逆に言えば、このことはスプーン曲げを見ていたらわかります。生きている人間の念の力で、スプーンの柄ぐらいを曲げ折ることができるわけですから。死した者の念は、もっと強いことができるとも言えます。その念はだいたい金属製品に出ます。金属でなければ、紐が切れる、というのもあります。縫い目が取れて開いてしまうとか、靴底が剝れるというのもあります。私は、ある霊的な場所へ行った時に、買ったばかりの靴の靴底が剝れて、現地で買い直したら、また剝れたことがありました。彼らはいろいろな示し方をしてきます。

「虫の知らせ」と言うごとく、実際に虫を始めとする動物は霊の使者になります。鳥、蝶々、比較的飛ぶものが多いです。まさしく虫の知らせという言葉の語源になったように、空を飛ぶものが知らせるということが多いです。植物でも、植え込みの葉っぱの一部が風もないのに妙に揺れて、手招きするように動いたりとかいう話もあります。生き物ではありませんが、壁から水が突然噴き出したということもあります。とにかく何らかの物を使って霊が示すということはあります。

昆虫と鳥はよく働きます。あと蜘蛛もそうです。虫の蜘蛛。それとムカデ、ヤスデなど、長足のもの、節目が多くあるもの。気持ち悪いけど、そういうものを使って現れる場合もあります。

鳥ではカラスに亡くなった人の霊が宿るというのは、昔の人ならみんな知っていることです。カラスというのは、鳥類の中でも頭のいい、オウムの親戚みたいな鳥です。肉食の強い鳥には、霊は乗りやすいです。ヤタガラスがいるように、神の使者という説もあります。西洋でもカラスは特別な霊鳥とされています。死者の霊魂を運ぶ鳥というのは洋の東西を問わず同じです。

カラスは匂いに敏感なのです。だから死体にたかるハゲワシとか、そういうものとダブって語られるところもあります。

だからカラスを不吉な象徴と見る向きと、吉兆として見る向きと、両方あるのです。物理的に言えば、カラスは腐った肉が大好きな鳥で、そういう臭いに惹かれて来る。でもいい意味で言ったら、霊の予兆を見せてくれる鳥だというわけです。虫の知らせならぬ鳥の知らせを持ってきてくれるのがカラスであると。

蝶々もそうです。季節外れに生き残った大きなアゲハチョウが、突如狭い庭に現れて、その人の周りをひらひら舞ったりする。やがて電話がかかってきて、親しくしていた人が亡くなったことを告げられる。

虫で言えば、カマキリにもよく霊が乗っかります。それからトンボもそうです。トンボは英語で「ドラゴンフライ」ですから、竜神とつながる虫です。トンボにもよく乗っかります。一度、私も面白い経験をしました。

ある方が私に、自分の一族の墓の位置がわからないから、墓を探してくれというので、やったことないけどできるかなあと思いながら、車を運転して当該の地方まで行ったのですが、山道に入って、いきなり車のフロントドアの前に、トンボがヒューと飛んできてホバリングするのです。走っている車の前にです。それで、付いて来いというように、車を先導するから、トンボについて行ったら、山の中にある、その一族の、もうボロボロになった墓のところまで、ピタッと案内されたことがあります。

乗る予定だった飛行機が落ちてしまった。乗員乗客は全員死亡。たまたま自分は、その日朝から体調が悪くて、キャンセルして乗らなかった。空港までの道のりで自動車事故にあって乗れなかった。朝からなぜかトラブル続きで乗れなくなった。こういう話をときどき聞きます。

先祖の霊にしてみれば、それで子孫はその飛行機に乗らなかったわけですから、目的は達したわけです。別にバーと直接、お化けになって出てきて、「飛行機に乗るのをやめろ」と言わなくてもいい。逆に言えば、なぜ霊はそうしないのか。

この問いは超常現象の業界での「ＵＦＯがいるんだったら、なぜ国会議事堂の前に降りて来ないのか」という質問に似ています。よくそういう質問をされるのです。超常現象否定派の人たちが何か勝ち誇ったように言う場合が多いです。

霊は人間を恐れさせてはいけない

何度も言うように、幽霊にはまず人間を怖がらせてはいけない、という原則があるのです。これ霊界の法律です。ですから、少しでも恐れやトラウマが残らないようにという霊側の配慮が働いています。要するに、これは夢だ、幻だ、あるいは自分の直観力の賜物だったと、後から考えたとき、適当に霊の力を否定できるギリギリのところで教えるというのが彼らの技なのです。そうしなければいけないのです。

だから一番いいというか、比較的簡単なのは、夢に出てくることです。ただ、これは否定される恐れがあります。夢のお告げに従って危険を脱したのなら、後になって、あれは直感が働いたんだと否定してもいいけれど、否定して飛行機に乗ってしまっては霊の目的は達せられません。だから、次はいろいろトラブルを起こしたり、車にエンストを起こさせたり、さまざまなことをするのです。これらは、後から考えたときに、「ああ、虫の知らせだったんだな」ぐらいの曖昧模糊とした解釈で、恐れにはつながりません。

ただどうしても化けて出て言わなければわからない子孫がいる場合、そういう時にはバーっと出てきたり、すごい音がしたり、飛行機のチケットが真っ二つに切れたり、そんなことが起こります。どうしても車のエンジンがかからなかったという事例も本当にあります。後で終わってみたら、エンジンはあっさりかかるのです。

災害の前の虫の知らせ

大災害の前にもさまざまな虫の知らせがあることが昔から知られています。東日本大震災の前日に、火事の夢を見たという人の話が結構あります。

大震災、大災害、大津波の場合には、たくさんの霊が前後に現れます。実際、福島でも後々たくさんの霊を見たという話はいっぱいあります。それだけで本が何冊か出ています。それはある意味、当然のことです。誰もがみんな、それぞれさまざまな思いがあるのです。

ただ、気をつけて考えなければいけないのは、そういう夢や予兆を見た人ばかりではないことです。まったく見なかった家族がダメなのか、といったらそんなことはないわけです。夢も予兆もまったく見なくて助かった人も、助からなかった人もいます。当然、夢や予兆を見て、見たのだけれど助からなかった人もいますし、助かった人もいます。たぶんこの割合は一緒だと思います。だから霊的なものが介入したとしても、今の人間の行動の平常値が保たれるだけなのです。逆に言えば、その平常値を保つために霊も働いているということです。では、霊の影響を取ってしまえばどうかと言えば、それぞれもっと悲惨なことになっていたと思います。

瞬間転生か、そうでないか

最後になりますが、輪廻転生についてはこれまでこの本でも折に触れて出てきましたが、ここでまとめておきます。

要するに人間というのは何度も何度も生まれ変わります。このことは、もう間違いないことです。直霊は永遠なのです。逆説的に言えば、困ったことに滅びることがないのです。私たち人間は、時に、自分の命を自分で断つ自由もあるなんて、おかしなことを考えてしまうのですが、どう転ぼうが直霊は死なないのです。「自分」は生き続けるのです。そして、それは超丈夫です。そもそも霊界では時間は関係ありません。だから当然ずっと存在している私たちの本体は、肉体を持って生まれるか生まれないかを、自由自在にコントロールできるのです。

ただし、最も常識的な選択肢として、私たちの大半が学校を出て、会社に就職して、働いてみたいなことを、ずっと繰り返すのと一緒で、霊たちもだいたい通常的な平均値の生まれ変わりを選択します。死んだら、いったん霊魄、霊魂（＝先祖霊）、直霊がバラバラになります。直霊は時間を超えた境地に一旦入ります。これが霊的世界です。要するに霊界に戻るわけです。そこでは時間空間を超えているので、一瞬と100年が同じになるのです。ですから100年の経験を霊界でしたいと思えば、どうぞ経験してください。それは簡単にできます。しかし、生まれ変わってくる時は、その前に死んだ瞬間の次の瞬間の時代に生まれ変わることもできるのです。これが真実の転生なのです。生まれ変わる時代は、この世の時系列に縛られません。霊界を挟む転生はこの考えをとります。

それとは違う、瞬間転生説というのがあり、これは死んだら、その死んだ瞬間にすぐどこかに生まれ変わるというものです。チベット密教は、輪廻転生は絶対に瞬間転生だと主張します。それでインドなどでは、前世を記憶している人がたくさんいる「生まれ変わりの村」という話になります。東南アジアでもポピュラーです。アメリカにも多いです。アメリカの霊能者には、死んだ後だいたい3秒ぐらいで生まれ変わるという人たちが多いです。

私の考えは、そのどちらもありです。基本的にはほぼ瞬間転生です。でもいったん霊界に入って、向こう側で何十年、何百年と過ごすことが可能なのです。その時間はあちらの世界での時間であって、こちらの時間では一瞬です。だから、それは個々の霊の意向次第です。自由を忘れてしまって、自由を感じ足りないと思えば、向こうで自由を経験すればいい。ただ、あちらの世界で、その自由な世界で、本当に時間空間を超える自由を経験できるかは、こちら側にいる時の念の使い方、感情の使い方によるのです。そこが問題です。自殺すれば自由な世界へ行けるなんて、そんな馬鹿な話はないわけで、だいたい自ら死を選ぶような偏ったこだわりを持った人は、たいていもう時間がわからなくなる世界に閉じこもります。直霊がニートになってしまうのです。そうすると俗に言う霊界と、その前段階の幽界と呼ばれるところにしばらくホバリングしてしまいます。本人はホバリングしていることもわからないままです。真っ暗な繭の中で過ごしています。そういう霊が時々います。だから霊も、きちんと旅立たないと大変なのです。ちゃんと身内と告別式で別れの儀式を行うことが大切です。

中には、霊界で、こちらの世界で500年、1000年という時間を過ごし、その後、生まれ変わってくる霊もごく少ないですがもちろんいます。先ほど言ったように、前に死んだ次の瞬間に生まれ変わるのではなく、その後の500年、1000年と経った世界に生まれ変わってくる霊もいます。もちろん、そういう霊は、自分がこれから生まれ変わっていく世界がどういう世界かわかっています。こちらの世界とは違い、あちらの世界は時間を飛び越えられるのですから、それは当然です。だいたい来世3代、いや、それ以上、数十代は見えるでしょう。つまり時間空間を超えるということは、全部瞬時にわかってしまうということです。

ただ、それは今、この世で私たちが思っているような、未来が見えるということとは似ているようで違います。私たちが、向こうへ行った瞬間に、私たちには全部が同時に入ってくるのです。つまり、永遠性を理解するのです。そうすると当然、つい今までこの世でやったやられた、切った張ったとやっていたことが、ケロッとわからなくなります。なんか狭い世界で生きてたなあ、ぐらいの感覚しか残りません。そこで初めて、本当に俺はちっちゃかったと気づくのです。このまま行ったら、来世でも、何回もやったやられた、切った張ったのこの同じことを繰り返すことになるよなと、なんとなく見えてしまうのです。この世の世界での、人間たちのそういう活動がどういう周期で動いているかも俯瞰的に見えてしまいます。そうなると、次に生まれ変わる時、選ぶのはやはり、前に死んだその瞬間に一番近い時間です。それがやはり生まれ変わりの原点になります。原点に戻っていきます。

ですから転生そのものは、物理次元から見たらほとんど瞬間転生です。これは変わりません。だからチベット密教はダライ・ラマが亡くなるとその時間に生まれた子供を探すわけです。それで実際、見つかるわけですから。

１４４０万回生まれ変わる

その生まれ変わりの技を、人間は１４４０万回繰り返します。１４４０万回、これだけやり遂げれば、別の宇宙のステージが待っています。信じるかどうかは別として、私はそのギリギリの場面を見せられたことがあります。つまり１４４０万回の果てを見せられたことがあるのです。この果てというのは、モヤモヤとした雲の壁みたいなものがブワーッと広がっている場所です。それを俯瞰的な視座で、つまり上から見ました。上から覗くような見方で見ました。無数の小さな光の粒が、その雲の壁みたいものにぶつかって、向こうへ行くのを見たのです。「あれは何だ」と聞くと、「１４４０万回の転生を超えて、他の世界へ行く人間たちの心だ」と教えられました。たまに、向こうへ行かないで、こちら側に落っこちる粒があったので、「では、あれは何だ」と聞くと、「１４４０万回生まれ変わったけれど、それでもまだ未練があるという霊だ」という答えでした。「落ちたやつは今度はどこ行くのか」とさらに聞いたら、「元に戻る。１４４０万回をもう１クールやるんだ」というのです。すごいスケールです。

この輪廻転生の仕組みは、この世とあの世の世界の仕組みが生まれた時から、ずっと変わらずある法則です。私たちは何度も何度も生まれ変わります。いくらこの世でたいへんな人生だったから、もう二度と生まれ変わりたくないと思って死んでいっても、やはり生まれ変わるのです。「もう二度と生まれ変わりたくない」などと厭世的に言っている人も、今言ったように、死んであちら側に行った瞬間に悟る人がほとんどです。この世の世界で、いかに自分がちっちゃかったかと。すると、また生まれ変わろうとするのです。つまり、やはり私たちのほとんどは、ある意味ストイックに鍛えたいと思うのです。それぐらい、この世とあの世のこの世界の仕組みは、とても完成された修行体系になっています。ですから、生まれ変わることは、苦の娑婆への逆戻りではないのです。霊の性質にとって、最も理想的なトレーニング体系です。逆に言えば、それこそが、私たちが神様に近づく近道だと言っていいと思います。だからやるしかないのです。

やるしかないのだったら、おもしろがるトレーニングにすべきです。霊的自由は、人がこの世界でどれだけ楽しんできたかということと正比例します。楽しんで生きるためには、どうするか。人に迷惑をかけていたら絶対楽しめないでしょう。結局、人に喜ばれる人間になって、そのことを自分も喜べるようになって、自身楽しそうにできるようになるのが、一番楽しさが長続きする行為です。それが徳を積むということなのです。

でもここもすり替えられてきて、すぐに徳を積むためにもっと苦労しなさいとかいう儒教の垢が多すぎます。そう言わなければ人間たちを道徳的に押さえつけられない、と思い込んでいる人たちがあまりにも多すぎます。

各種宗教の宗教ファクターがありますが、儒教ファクターには、そういう自虐的な垢を多く残している面が非常に目立ちます。徳という言葉を取り違えています。徳というのは損得の得とも言霊的にはつながりますが、それは結果であって本質的なものではありません。本質的には、どれだけ楽しんで人と仲良くして、人に喜んでもらえるようにするかということです。それがこの世の修行の意味です。だから気分が悪い時に人のためになろうとしたってできないのが当然です。ですから、基本的には、感情をある程度穏やかに上げていくことが大切です。

もし鬱になるとしたら、その鬱にはどういう意味があって、なぜ鬱になるのか。それを考えなければなりません。人間の心の反応には、無駄なことは何一つありません。鬱になるには鬱になるプロセスがあったはずです。そのプロセスを本人がさかのぼっていかなければならないのです。なぜ今、鬱なのか。それはやはり、無理矢理、間違った選択を続けてきたからです。この世は窮屈である、苦しいと。人は煩わしいという結論にたどり着いてしまうぐらい、道を誤って、迷路を歩いてしまえば、誰でも鬱になるのは当然です。そしてもっと壊れてしまうと、統合失調症で心がバラバラになってしまいます。統合ができなくなるのです。逆に、自分が正しいと思い込んでそこへしがみつけば、アスペルガーと言われるような性格になりやすくなります。さらに、自己犠牲を忘れて、自己犠牲を正しく苦しむことを忘れてしまうと、多動的な性格になります。大まかにはこういう流れがありますが、それだってすべて正常な反応です。いろいろな意味で正常な判断です。

ですから、今の反応がもし不都合な反応だとすれば、どうしていったらいいかを考えられる契機がこちら側にはある。そうなる原因がこちらの世界にあります。向こう側は自由自在の世界ですから、向こう側には原因はありません。逆に自由自在の苦しみがあるだけです。それは自由自在が自分のものでありすぎるがために、自由自在がよくわからなくなってくるのです。つまり当たり前になってくる。だから自由自在を客観的に見るこちら側に来ることは、より自由自在を外側から冷静に見ることができるのです。これを定期的に経験することによって初めて真の自由自在、真の我が道をゆくがわかってきます。恐れから自我を振り回すのでもなく、自分をわかってくれなどと思うこともなく、淡々と堂々と自分の道を歩いているうちに好かれるということがきちんと同居できるようになる。これがいい線ではないでしょうか。

私自身も、マスコミに出るようになって、楽しい思いもしましたが、嫌な思いもたくさんしました。だから、来世では誰も来ない沼の横に咲く百合の花になりたいと思ったことがあるのです。そんな、詩を書いたこともあります。私も若い時にはそれほどセンチメンタルだった時期もありました。

しかし、そんなセンチメンタルな感情に入っていく手前で、ものすごく大きなものを経験したのです。それがいわば、時間空間を超越した、この宇宙の全体である本体に戻るという儀式でした。それを経験すると、まったくこの世の見方は変わります。この世から見たら神的存在です。自在体を経験するわけです。もしもブドウが食べたいと思えば、思った瞬間にもう手にブドウを持っています。好きな人のことを思うだけで好きな人の霊の隣にいます。そういうことが自由自在にできてしまう世界です。心の中と外の現象がひっくり返るような世界です。この世では経験しないと理解できない。原因と結果に一方向の流れがあるわけですが、向こうでは結果が先で原因が後なのです。そのひっくり返った世界の仕組みを瞬時に悟る体験です。この世の人間は結果を気にして、ああでもないこうでもないとぐずぐずします。それが思った瞬間に、その段階で結果が現実になる世界の仕組みを体感して、そこから考えると、すべてのことをこの世とはまったく違った観点から面白く広く考えるようになります。その見地から見て、再びこの不自由不自在を選ぶという作業に舞い戻るというのは、この世の原因 - 結果の世界に浸りきった頭では理解不能に感じるでしょう。でもそれを体験した人間にとってはもう必然なのです。精神的な出産を再び、自ら自分で作り出さなければいけない、そのことの尊さに気づくのです。その作業はもちろんたいへんな作業です。人は大変な思いをして、自ら何度も何度も生まれ変わってくるのです。赤ちゃんは大変なことをして生まれてくるのです。

私には左手の親指の付け根のところにアザがあります。これは生まれつきあるアザです。このアザは、昔の人が原始的な弓を射る時にできるアザだとある人に言われました。たしかによく見ると、その部分にちょうど弓が当たる感じがします。私自身、弓打ちをしている古い時代の夢をよく見ます。私は過去世で、戦乱の世界をたくさん生きた記憶が微かにあります。だから今も、戦国時代の映画を見ると血湧き肉踊るところがあります。そんなだから、テレビの討論番組でも、超常現象否定派の話に激怒して番組途中で帰ってしまったことがあるぐらい、血の気の多いところがあります。ただもうこの年になると、そういう因縁も乗り越えて、すべてをのんびり見ようと思うようになりました。まだまだ捨てるための旅路を生きていくことになるのだろうとは思います。

カルマの法則

俗にカルマの法則と言いますが、例えば相手の胸を突き刺して殺人を犯してしまった人が、次に生まれ変わる時に先天的に胸がへこんだ人に生まれ変わるとか、心臓に障害を持って生まれてくるということが時々言われますが、そういうことは確かにあります。

この世ではそれを因果応報という言葉で言い表しますが、実際はそれとは違います。霊の本質には自己処罰機能があるのです。霊が自ら自己を処罰するのです。私はあえて「自己処罰機能」と呼んでいますが、相手の苦しみが潜在意識にインストールされて、なくならないのです。それを為せるのは相手のものすごい念の力です。それが自分の心の中に、霊に届くのです。昔の教えでは心の中にサンポウ虫という虫が住んでて、その虫がその人の悪行を閻魔大王に報告しに行くと言われています。でも本当は、閻魔大王に報告するのではなくて、潜在意識に訴えるのです。そんな強い念を受けた場合に、潜在意識は、どうしたら帳尻を合わせができるかと、心の中で叫び続けています。すると本人自らが落とし前をつけるべく、やはり重篤《じゅうとく》な病を先天的に持って生まれてくるなど、いろいろな場合があります。

ただこれはそれほど生やさしい問題ではありません。生まれつきそういう状況で生まれてくるというのは、明らかに前世からの問題なのですが、しかし納得できないでしょう。どうしてこんな障害を背負って生まれてきたんだ、それは親のせいなのかと、自分が何かこの世で悪いことをしたわけじゃない、と煩悶はいつまでも続きます。前世での因縁だなどと言われても簡単に納得できるわけがありません。体が悪い、弱いということがどれほどつらいことかわかっているのかと、親を、世間を、人生を憎んでしまうかもしれません。

でも、それだって再び自由自在に戻るためのトレーニングなのです。前世では人の命を、胸を刺して奪っている。その時受けた一瞬の念の強さたるや、そして自ら覚えた悔しさたるや、侘びしさたるや、実は途方もないものです。それをローンで分割払いで支払うように、自分で選んで生まれ変わってきたのです。ローンで消えれば実はいいほうです。

親を自分で選んで生まれてくる

第4章でも書きましたが、生まれ変わりたくないという場合、行かないという選択肢もあり得ます。

そして、もう1つの選択肢は、もうこの地球は嫌です、他の星に生まれ変わります、というものです。この地球ほど激しくない、ある程度自由自在の星に生まれ変わるケースもあります。ただ、地球が苦しかったから、苦しくないところに行こうというのは、極めてご都合主義的な2者択一の選択です。地球的な2元論的な選択と言えます。

例えば、似たようなことで、自分の親が嫌な親だったから、親がしたことと真反対のことをしようとして、多くの人が失敗の人生を歩んでいます。親と違う職業を選ぶこと自体はいいです。ただ、その動機が怨念で、反対側を選ぶ場合、その選び方は確実に失敗します。一番恨んでいる相手に実は選ばされているからです。そんな人生がうまくいくわけがないです。そこにも自己処罰が働きます。だから親を恨んでもしょうがないのです。

そもそも、霊は自ら自分の親を自分で選んで生まれてくるのです。だから親を恨むのはとんでもないお門違いです。それだけは儒教の言っていることは正しい。ヤクザでも親分は大事にします。なぜか。自分で選んでその世界に入ったからです。選んで負担をかけに来ているからです。かつ、親というのは子供時代を一緒に過ごして見ていますから、その人の良いところ、悪いところをよく知っています。その因縁ともつながります。ですからやはり、親を喜ばせる訓練は、人間を喜ばせるための訓練として、一番基本になる、しかも楽な訓練なのです。それができなかったとしたら、人を喜ばせることはできません。

ではDVを振るう親はどうしたらいいのだと言われます。距離を置けばいいのです。距離を置く方法はいくらでもあります。親にDVされたと電話をすれば、1年間、親と引き離してくれる機関はたくさんあります。それがよければどうぞ。しかし、それだって自分で選んで生まれてきていることに変わりはありません。

実際に親子で、親が元々、前世では自分の敵だった。そのことが申し訳ないというので、今生《こんじょう》では子供に生まれてきて、今度は支える役をやろうというケースも実はあります。しかし、前世の敵だったから、そもそも嫌いな性格なのです。だからそれがむくむく出てきて、親の言うことなんか一言も聞きたくない、顔も見たくないというふうになることも多いです。

逆に、前世でも親子関係だったとか、親戚同士だったとか、あるいは夫婦だったとか、そういうふうに近い存在だったということも多くあります。前世では子どもだったけど、今生では親になって、親子がひっくり返る、なんてこともあります。

だから転生は面白い。それを自分で選んできているのです。だから面白い。あの敵と夫婦だったらどうなるだろう。それはすごい骨の折れる修行だけれど、どうしてもやってみたいというのは、ある意味とても真面目な人です。真面目だからそういう生まれ変わりを選ぶのでしょう。

現世主義者

霊界なんて信じないオプティミズム（楽天主義）の人がいます。こういう人はただひたすら現世だけ。要するに今が楽しければそれでいい、という価値観の人です。そういう人たちがよく言うのは、「死んでから認められてもしょうがない。今認められて、今お金がたくさん入るのがいい」という言葉です。

霊能者の中にも、「霊界なんてない。人生は今生限り。だから今生に念を集中して、運を良くして頑張りましょう」という人もいます。霊的世界否定論の霊能者というのも、実はたくさんいるのです。キリスト教圏にも多いです。キリスト教では、神の差配で死した者たちが留め置かれている世界はありますが、仏教が言うような霊界は認めていないのです。

私自身、そういう現世主義とかオプティミズムな人の気持ちもわかります。今世を楽しくすることに集中するという点では、私もある意味、考え方はそれに近いとも言えます。

ただ、楽しむということの捉え方が間違っている場合があります。楽しむということは時間に沿わないといけません。本当は、楽しむ場合には、怨念と違い、今だけということはできないのです。今楽しい、しかしその先はだめだ、楽しくないというような楽しみ方は、すべて楽しみ方としては間違っているのです。ずっと淡く楽しいという状態を作り出さないといけないのです。楽しみと永遠性をつなげることが非常に重要です。ここを成し遂げないと、結局、楽しく生きてもいい結果が出ません。

今生をどれだけ楽しんだかは、死に際に出ます。死に際に苦しむ人は、本当に人生を楽しんだ人ではありません。やはり本当に楽しんだ人は、ピンピンコロリで亡くなります。ピンピンコロリを考えるのなら、お年寄りほど怒りに駆られてはいけません。若い人を勇気づけて、若い人を笑わせて、若い人のためになる話をして、それでも若い人から嫌われるのなら、それで良いと、肝を据えるぐらいでないとだめです。だから年をとった時に、自分を楽しませる方法をたくさん身につけておかなければなりません。それはやはり学なのです。本を読む。人と会って話をする。いろんな考え方に触れる。偏らないようにインターネットもよく読み込む。音楽をいっぱい聴いて、美しい芸術をたくさん見る。つまり感覚を広げる。情報をたくさん吸収して感覚を広げる習慣をつけないと、嫌な年寄りになってしまいます。この嫌な年寄りほど「最近の若いもんは」と言うようになります。

若い人は、そもそも年寄りよりも感性が何倍も豊かなのです。味は強く感じるし、映像は強烈に感じるし。経験する一つ一つのことが新鮮です。わくわく感があります。年寄りはここに嫉妬したらだめです。でも逆に、このイケイケの若い人たちは、この面白さを何十回も何百回も何千回も経験した、かつての若者のお年寄りが、その何十年後に結局どうなるかは学ばないといけません。

今の若い人々は、お年寄りよりもずっと自由で、たくさんの情報に触れる機会に恵まれています。ネットもそう、スマホもそう。私の若い頃は、駅に伝言板が置いてあって、駅の待ち合わせで会えなかったら、その伝言板にメッセージを書いて残したものです。そんな時代の窮屈さからしたら、今はどれだけ自由になったか。

しかし一方で、自殺者の数は相変わらず多いです。3万人は下回りましたが、今でも毎年2万人は超えています。今回のハマスとイスラエルの戦いで死んだ人が3万5000人ですから、戦争で死んでいく人と同じぐらいの自殺者がいます。

この社会自体が、生きる戦争です。これはそのほとんどが、若い人と年を召した方とのコミュニケーション上の障害が原因だと私は思います。中間世代は働くのに忙しくて、若い者にも年寄りにも構っていられませんから。だから問題は、若い人たちとお年寄りとが、どうすればうまく、相互の喜びにつながるようなコミュニケーションができるようになるか。そういう社会システムを今後の政治にはしっかり考えてもらいたいなと思います。だから私は若い人には、とくに学生には、老人施設でのボランティア研修を義務づけるべきだと思います。それで老人も若い人に何か教えられることをきちんと教えられるような窓口、そういうシステムをもっと作って、広げていかなければいけないと思います。

香港に行った時、香港ではお年寄りが、夜中でも飲食店で働いていました。そこへ客として、若いビジネスマンたちが来て、テーブルの上に何台も携帯を並べて、食事しながらもずっと仕事をしているのを見たことがあります。すると、お店の店員の御老人たちが、「お前さんたち、大変だねえ」と言って、雑談しながら、いろいろなアドバイス、人生の智恵を与えているのを横で見ていると、なんだか微笑ましい気持ちになりました。老人の魂を見ても生き生きしていました。もう夜更けなのに、とくに重労働とも思っていないふうで、自分のお店なのだからやっているだけと言えばそれまでだけど、楽しそうに見えて、見ているこちらも何か嬉しくなってきました。香港の夜の飲食店は美しいなと思いました。

天命とは

今度生まれ変わる時は、こういうことをしよう、こういう修行をしようと、何か目標を持って人は生まれ変わってくるのでしょうか。

広い見地から言うと、自由自在を極める旅を再びしようという思いで生まれ変わってきます。その気持ちは欲求として現れます。赤ちゃんがミルクを欲しいという欲求と同じです。生きるということは欲求そのものですから。でもそれは、言い方を変えれば探究心であるとか、掘り下げる心であるとか、熱意とか、情熱とか、そういう言葉に置き換えられると思います。やはりそれは永遠性を感じることへの情熱であり、人間はこの情熱が最も強い。それは生命力の本質により深く触れる旅になるのです。

ですから、私のところに相談に来る人で、「私は天命を持って生まれてきた」という人が多いという話を前にしました。何となく天命を感じているのでしょうが、その天命が何なのかがわからない、と相談に来るのです。わからないからモヤモヤして来るのでしょうが、本来、天命というものは、はっきりしているものなのです。でもそこから目を背け続けたためにわからなくなるのです。そもそも天命がわからないという人は、自ら天命を見ようとせずにいるのです。

天命は正面から、じっと見つめないと見えません。斜交《はすか》いに構えて、私の天命は何かなあと見上げても見えてきません。

本当は、たいていの人は自分の天命をわかるようになれるのですが、わかっちゃいるけどやりたくないというやつです。そういう例はたくさん見ました。天命はこうなのだからこうしなさいと私が何度言っても、全然やらずに何度も何度も同じ相談に来る人がいます。

私が、自分の天命をあなたが見えないのにはいろいろな障害があるからです、その障害をクリアする方法を教えてやります、と言って教えても、そういう人はいちいち言い訳してやりませんね。がんとしてやらない。素晴らしいですよ、その根性は。

それだけの根性があるならやれよという話ですが、しかし、それだけの根性を持って天命を封印しているのです。わかった上で封印している。

だから、こういうケースは霊能者としては長丁場になります。でも言い続けなければその封印は取れない。本人もその封印を取りたくて何度も通って来るのです。だから悲しい、それが一番苦しい悲しい旅ですが、私も相手が相談に来る限りは言い続けます。それが少しでも取れやすくなるようにお祈りを続けます。障害が取れない人の悲しい性《さが》を取ってあげるための戦い。私はだから死ぬまでその道のプロでいたいと思っています。

天命なんか自分で気づけと突き返すこともできるのですが、でも今度はへたに突き返すと、秋山先生は冷たくなったとか、すぐにそう言い出す人がいるから、それも嫌です。人間というのは基本的にわがまま体です。わがままの塊。だからこのわがままの塊のまいったら、前世から産みつけられた、または先祖から産みつけられた禍福の海を溺れながら泳ぐことになる。それは生き地獄を生きることです。そうならないよう、来てくれた人にはできるだけアドバイスをしているのです。

おわりに —— 少しだけ

さて読後感はいかがだったろうか。

霊を理解する最大のポイントは、霊の内側は3つの成分の合体形であり、肉体と霊体の2元論だけではけっして結論が出ないということ、私たちは、死んだら子孫の守護者《ガーディアン》、自在に生まれ変わる自由体、そして物に寄り添い流れていく物質寄りの霊的要素（念とか気とか精とか言われてきたもの）として、同時に時間を超えて存在し続けるのである。

迷いと苦しみのみの人生は、子孫に、わかってくれという因縁を重く残してゆくし、生きた場《フィールド》、生活環境にも他者を引きずり込むバイブスを残してゆく。そして充分に元気をたくわえて生まれ変われず、つらい思いをするのだ。

今のあなたの中に、苦悩があるとすれば、それは過去の問題とも言えなくない。しかし、苦しみのもとが明日の話であれ、過去の話であれ、時間を超えて奇跡を起こせるのも自分なのだ。

要は、他者と自己の想念をどう使うかである。外側から自分を見ようとしてカケラでも努力をすれば気づけることが沢山ある。

まず他人の感情に少しでも合わせようとしてみよう。オベッカでもない。偽善でもない。自分の感情が合わなくても、行動を変えることができるのが真の人間の理性である。元気に前向きにサービスをしているうちに、本気で人といるのが楽になる。他人を喜ばせる行動習慣が身につくからである。

ヒトを一歩ずつ楽しませることが、この世とあの世で成功する本当の修験道だということを悟ることなのだ。多くの人々は「修行」という言葉の意味を取り違えている。たしかに他人の間違いや悪い点について、気づくことは多々あるだろう。それを取り除く代案を聞いてもらうには、相手と仲よくしてみなければ聞くはずもない。ましてや、その欠点はそれを指摘している自分の中にも必ず悪いくせ《バッド・バイブス》として潜んでいるものである。

霊の根本から、楽しくなる修行をしよう。「自己の感情を永続的によくしようとする行動を選ぶ」のである。

私は昔、短気で、テレビの論争番組で怒って帰ってしまうことがあった。なぜならば、私は理想主義にかたより、若さにまかせて原因を他者や他世界に求めすぎたりしていたからだ。ピュアな霊能者がよく陥りやすいプロセスでもある。

よい世界と悪い心が共に極端に見えてしまう。それが、この世など悪の園だ、私の考えのみが正しいのだとするエキセントリックなカルト的思想につながってしまう。

霊の目指すべき道が判れば、カルトなど存在しないし、戦争などというバカバカしい事もぜったいにあり得ないのである。

平和は、あなたから始まる。あなたの想念で宇宙を楽園にする。

これこそ真理そのものなのだ！

著者識

■著者プロフィール

秋山眞人（あきやま　まこと）

1960年、静岡県下田市に生まれる。国際気能法研究所所長。大正大学大学院文学研究科宗教学博士課程前期終了。13歳の頃から超能力少年としてマスコミに取り上げられる。ソニーや富士通、日産、ホンダなどで、能力開発や未来予測のプロジェクトに関わる。数万冊の古文書・古書を所蔵し、精神世界、宗教、パワースポット、日本人の呪術・霊術を研究。画家としても活動し、S・スピルバーグの財団主催で画展も行っている。ジュエリーデザインやコンサルタント、映画評論も手がける。近著の『ＵＦＯと交信すればすべてが覚醒する』『前世は自分で診断できる』（以上河出書房新社）、『宇宙意志が教える最強開運術』『心の超人に学ぶ！生きる力が湧いてくる34のメッセージ』（以上さくら舎）、『新時代を生き抜く！波動を上げる生き方』〔西脇俊二との共著〕、『2030年　大終末を超える唯一の方法』〔羽賀ヒカルとの共著〕（以上徳間書店）他、著書は100冊を超える。

あの世《よ》からは
この世《よ》の全《すべ》てはこう見《み》える
〝霊能職人《れいのうしょくにん》〟としての50年《ねん》でわかった霊界《れいかい》の真実《しんじつ》

発行日　2024年10月28日　第1版第1刷

著　者　秋山《あきやま》　眞人《まこと》

発行者　斉藤　和邦
発行所　株式会社　秀和システム
〒135-0016
東京都江東区東陽2-4-2　新宮ビル2F
Tel 03-6264-3105（販売）Fax 03-6264-3094
印刷所　三松堂印刷株式会社　Printed in Japan

ISBN978-4-7980-7336-1 C0095